学习进行时

治国理政
"大棋局"

新华网『学习进行时』工作室 ◎ 编

新华出版社

图书在版编目（CIP）数据

学习进行时：治国理政"大棋局" / 新华网"学习进行时"工作室编. —北京：新华出版社，2017.9（2025.2重印）

ISBN 978-7-5166-3497-4

Ⅰ.①学… Ⅱ.①新… Ⅲ.①发展战略—研究—中国 Ⅳ.①D60

中国版本图书馆CIP数据核字（2017）第231299号

学习进行时：治国理政"大棋局"

编　　者：新华网"学习进行时"工作室	
选题策划：要力石　许　新	责任编辑：沈文娟
责任校对：刘保利	责任印制：廖成华
装帧设计：李尘工作室	

出版发行：新华出版社
地　　址：北京市石景山区京原路8号　　邮　　编：100040
网　　址：http://www.xinhuapub.com
经　　销：新华书店
　　　　　新华出版社天猫旗舰店、京东旗舰店及各大网店
购书热线：010-63077122　　中国新闻书店购书热线：010-63072012

照　　排：李尘工作室
印　　刷：大厂回族自治县众邦印务有限公司

成品尺寸：145mm×210mm
印　　张：10.625　　　　　　　　字　　数：155千字
版　　次：2017年10月第一版　　印　　次：2025年2月第三次印刷
书　　号：ISBN 978-7-5166-3497-4
定　　价：39.80元

图书如有印装问题，请与出版社联系调换：010-63077101

编 委 会

出品人：田舒斌

总策划：汪金福　郭奔胜

主　编：周红军

副主编：肖　阳　马轶群

编　审：唐小可　陈卫平

编　辑：黄　玥　王子晖　赵银平　金佳绪

　　　　何　凡　樊珊珊　杨之轩

目录 | contents

篇一

十八大以来,习近平布局了一盘什么样的大棋 / 3

这步棋,习近平落子"脱贫攻坚" / 13

这步棋,习近平落子"供给侧结构性改革" / 23

这步棋,习近平落子"公平正义" / 33

这步棋,习近平落子"关键少数" / 45

这步棋,习近平落子"创新驱动" / 57

这步棋,习近平落子"区域协调发展" / 69

这步棋,习近平落子"绿水青山" / 81

这步棋,习近平落子"命运共同体" / 93

这盘棋,习近平运筹帷幄向未来 / 105

contents | 目 录

篇二

- 十八大以来，习近平这样抓"关键少数" / 115
- 十八大以来，习近平每年首次考察调研背后有盘棋 / 127
- 十八大以来，习近平这样谈"家风" / 135
- 十八大以来，习近平这样谋划京津冀协同发展 / 145
- 十八大以来，习近平网络"古今谈" / 165
- 十八大以来，习近平这样为传统文化"代言" / 181
- 十八大以来，习近平就巡视工作连出"大招" / 191
- 十八大以来，习近平反复强调"绿水青山" / 199
- 十八大以来，习近平大力"劝学""促学" / 209
- 十八大以来，习近平心系重大工程 / 221
- 十八大以来，习近平这样指导青年工作 / 229
- 十八大以来，习近平对脱贫攻坚作出超强部署 / 245
- 十八大以来，习近平这样部署军民融合 / 269
- 十八大以来，习近平大力推进共享发展 / 285
- 十八大以来，习近平这样谋划"一带一路"建设 / 293
- 十八大以来，习近平这样推进"法治中国"建设 / 303
- 十八大以来，习近平这样抓作风建设 / 313
- 十八大以来，习近平这样强调文化自信 / 325

篇二

人民对美好生活的向往，就是我们的奋斗目标。

十八大以来，

习近平布局了一盘什么样的大棋

学习进行时

十八大以来这5年，习近平总书记总揽国家发展的时和势，牢牢把握我国发展的阶段性特征，牢牢把握人民群众对美好生活的向往，在大局上谋划，从关键处落子，提出新的思路、新的战略、新的举措，统筹推进"五位一体"总体布局、协调推进"四个全面"战略布局，布下了一盘民族复兴的大棋局。

2012年11月15日,59岁的习近平在中共十八届一中全会上当选为中共中央总书记,成为中国新的领航人。

5年来,以五大发展理念为引领,以习近平同志为核心的党中央统筹推进"五位一体"总体布局,协调推进"四个全面"战略布局,一系列重要决策部署,则如同一枚枚棋子,在新时期的发展这盘大棋上不断谋势、做"眼"。

履新一月,起手定式

任何战略都不是凭空产生的。习近平说:"'四个全面'战略布局是从我国发展现实需要中得出来的,从人民群众的热切期待中得出来的,也是为推动解决我们面临的突出矛盾和问题提出来的。"

当选总书记前,习近平已有着40多年的工作经历。从村到县,从市到省,习近平深刻认识了中国的基本国情,深切了解了中国老百姓的心愿期盼;进入中央工作后,他更是直接参与到党和国家大政方针的制定实施当中。

篇一

让我们把目光回望到习近平履新中共中央总书记的第一个月：

2012年11月15日，当选中共中央总书记的第一天，面对500多位中外记者，习近平庄严宣告，"人民对美好生活的向往，就是我们的奋斗目标"。

11月29日，习近平在观看《复兴之路》展览时，首次提出了实现中华民族伟大复兴的"中国梦"。他强调"空谈误国，实干兴邦"，为实现"两个一百年"奋斗目标作出了强力动员。

12月4日，同首都各界纪念现行宪法公布施行30周年时，习近平郑重强调，"依法治国是党领导人民治理国家的基本方略"，指出要"坚持法治国家、法治政府、法治社会一体建设"。

同日，中央政治局会议通过"八项规定"。习近平同中央政治局同志"约法八章"，带头改进工作作风，指导思想就是要从严治党。

12月7日，习近平当选总书记后首次离京考察，他来到改革开放的前沿广东省，掷地有声地表示，"改革不停顿、开放不止步"。

履新第一个月,习近平便在要点起手,确立了前进航标。

2014年12月,习近平在江苏考察时正式提出,"协调推进全面建成小康社会、全面深化改革、全面推进依法治国、全面从严治党,推动改革开放和社会主义现代化建设迈上新台阶",首次将"四个全面"并提。

2016年11月,习近平在十八届六中全会上强调,协调推进"四个全面"战略布局,是党的十八大以来党中央把握我国发展新特征确定的治国理政新方略,是新的时代条件下推进改革开放和社会主义现代化建设、坚持和发展中国特色社会主义的战略抉择。

党的十八大报告指出,要全面落实经济建设、政治建设、文化建设、社会建设、生态文明建设五位一体总体布局,强调建设中国特色社会主义,"五位一体"是总布局。

习近平在庆祝中国共产党成立95周年大会上指出,"五位一体"和"四个全面"相互促进、统筹联动,要协调贯彻好。

治国理政的大棋定式形成,格局呈现。

扭住天元，做活全盘

全面建成小康社会，是我们党确定的第一个百年目标，也是实现中华民族伟大复兴的关键一步。这一重大战略目标犹如棋盘上的天元星，居于"中军"地位。

习近平说："到2020年实现这个目标，我们国家的发展水平就会迈上一个大台阶，我们所有奋斗都要聚焦于这个目标。"

全面小康，意味着发展成果要惠及全体人民，经济、政治、文化、社会、生态文明要全面发展。要实现这一目标，就离不开改革开放的强大动力，离不开国家社会的有序运行，同样离不开坚强的领导核心。

在习近平的谋划中，推进全面深化改革、全面依法治国、全面从严治党这三大战略举措，就如同围绕着天元星做活全盘的三个"眼"。

全面深化改革，着眼解决我们面临的深层次矛盾和体制机制弊端；全面依法治国，着眼促进国家和社会生活的法制化制度化规范化。一"破"一"立"，犹如鸟之两翼、车之双轮，为全面建成小康社会源源不断提供动力源泉和法治保障。

办好中国的事情，关键在党。坚持和完善党的领导，是党和国家的根本和命脉。推进全面从严治党，保持党的先进性和纯洁性，着力提高执政能力和领导水平，才能为全面建成小康社会、全面深化改革、全面依法治国提供根本保证。

因此，"四个全面"不是单打一，而是一个有机统一体，要"统筹兼顾、综合平衡、突出重点、带动全局"。

这5年，本届中央委员会召开了6次全会，其中用4次全会对"四个全面"战略布局分别进行专题研究和整体设计。

2013年11月，十八届三中全会专题研究全面深化改革问题，通过《中共中央关于全面深化改革若干重大问题的决定》。

2014年10月，十八届四中全会专题研究全面依法治国，通过《中共中央关于全面推进依法治国若干重大问题的决定》。

2015年10月，十八届五中全会通过"十三五"规划建议，成为全面建成小康社会的收官规划。

全面从严治党，是这盘大棋的"手筋"。随着反腐败斗争的节节胜利，2016年11月，十八届六中全会以审议《关于新形势下党内政治生活的若干准则》和《中国共产党党内监督条例》两个文件稿为主要内容，专题研究全面从严治党。两个重要文件以现实问题为导向，以上率下，特别突出高级干部、突出政治生态，致力于打造制度"笼子"，为各项事业的发展提供根本保证。

2017年7月26日，习近平在省部级主要领导干部专题研讨班开班式上的重要讲话中，作出"中国特色社会主义进入了新的发展阶段"的重要论断，深刻阐述了新的历史条件下坚持和发展中国特色社会主义的一系列重大理论和实践问题，对未来重点推进的工作进行了强力部署。

先手落子，中盘谋势

习近平曾说："在任何工作中，我们既要讲两点论，又要讲重点论,没有主次,不加区别,眉毛胡子一把抓,是做不好工作的。"

推进"四个全面"战略布局,习近平既注重抓总体谋划,又注重牵住"牛鼻子"。这盘棋,他频频在关键处落子,下好先手棋,牵引全局大势。

"小康不小康,关键看老乡",对于全面小康,习近平先手落子在"脱贫",在全国范围全面打响了脱贫攻坚战。"扶贫开发贵在精准,重在精准,成败之举在于精准",习近平落子"精准扶贫",强调要下一番"绣花"功夫。

对于全面深化改革,习近平强调,"要突出抓好重要领域和关键环节的改革"。新常态下中国经济"结构性问题最突出,矛盾的主要方面在供给侧",习近平落子"供给侧结构性改革",发起了全面深化改革的决定性战役。

对于全面依法治国,习近平强调,要"以中国特色法治体系为总目标和总抓手"。"做到有法必依、执法必严、违法必究",习近平落子"公平正义",提出"决不能让不公正的审判伤害人民群众感情,损害人民群众权益"。

"己不正，焉能正人"，全面从严治党，习近平落子制度建设和"关键少数"，反复强调要从严管好各级领导干部，做到真管真严、敢管敢严、长管长严。从"八项规定"开始，数十部党内法规相继制定、修订，针对"关键少数"作出"硬约束"；3轮党内教育，以"关键少数"为重点，在理想、信念上进行集中"补钙"和"加油"。

结合"十三五"时期的各项任务，围绕全面建成小康社会的总目标，他落子"创新驱动""区域协调"，落子"绿水青山""命运共同体"……

每一个落子之处就是一项重要工作的着力点。在习近平的谋划统领下，各项工作相连成线，稳步推进。

一盘大棋局已然布下。

（新华网记者　王子晖）

2017年9月11日

使全面建成小康社会得到人民认可、经得起历史检验。

这步棋，
习近平落子"脱贫攻坚"

到2020年全面建成小康社会，是我们党确定的"两个一百年"奋斗目标的第一个百年奋斗目标。

要实现这一目标，就必须"确保到2020年所有贫困地区和贫困人口一道迈入全面小康社会"。

"我们要立下愚公移山志，咬定目标、苦干实干，坚决打赢脱贫攻坚战"，2015年11月，中共中央总书记习近平发出了脱贫攻坚战的总攻令。

党中央对2020年脱贫攻坚的目标作出明确规定：

——稳定实现农村贫困人口不愁吃、不愁穿，义务教育、基本医疗和住房安全有保障。

——实现贫困地区农民人均可支配收入增长幅度高于全国平均水平，基本公共服务主要领域指标接近全国平均水平。

——确保我国现行标准下农村贫困人口实现脱贫，贫困县全部摘帽，解决区域性整体贫困。

"未来5年，我们将使中国现有标准下7000多万贫困人口全部脱贫。"在2015年减贫与发展高层论坛上，习近平说，这是中国落实2015年后发展议程的重要一步。

5年的时间，使7000多万贫困人口脱贫，这是艰巨的硬任务,是全党立下的军令状。

"要有一种责任感、紧迫感"

习近平曾说:"40多年来,我先后在中国县、市、省、中央工作,扶贫始终是我工作的一个重要内容,我花的精力最多。"

"40多年",简单的数字,却深印着习近平在泥泞的田间和崎岖山路上一个又一个鲜明脚印,这些脚印延伸到老少边穷地区,延伸到乡亲们家中。

2012年12月29日,刚刚就任总书记一个多月,习近平便来到河北阜平专程考察扶贫开发工作。他在这里明确提出,消除贫困、改善民生、实现共同富裕,是社会主义的本质要求。"对困难群众,我们要格外关注、格外关爱、格外关心,千方百计帮助他们排忧解难。"

访贫问苦是习近平历次考察调研的重要内容。他走遍了全国14个集中连片特困地区,脱贫攻坚的重大决策,在深入实际、深入基层的调查研究中一步步形成、深化。

"在扶贫的路上,不能落下一个贫困家庭,丢下一个贫困群众。"习近平带领全党许下承诺、立下壮志,到2020年全面建成小康社会,任何一个地区、任何一个民族都不能落下。

"我们对脱贫攻坚特别是老区脱贫攻坚,要有一种责任感、紧迫感,要带着感情做这项工作。"习近平说。

深入调研催生"精准"方略

国际经验表明,当一国贫困人口数占总人口的10%以下时,减贫就进入"最艰难阶段"。2012年,中国这一比例为10.2%。

2011年至2014年,中国每年农村脱贫人口分别为4329万、2339万、1650万、1232万。逐年递减的数字说明,越往后越是难啃的"骨头"。

习近平对此十分清楚,他要求必须以更大的决心、更明确的思路、更精准的举措、超常规的力度,众志成城实现脱贫攻坚目标。

2013年11月，习近平到湖南调研，一下飞机就直奔湘西最贫困的十八洞村，盘山公路走了几小时，又翻了几座山。

十八洞村的贫困面貌，让习近平感触很深。在这里，他首次提出了"精准扶贫"。他说，扶贫要实事求是，因地制宜。要精准扶贫，切忌喊口号，也不要定好高骛远的目标。

找准"贫根"，对症下药，靶向治疗。精准扶贫成为中国脱贫攻坚战的决胜方略。

之后，习近平在各个场合反复强调"精准"的重要性，强调要由"大水漫灌"变为"精准滴灌"，不能拿手榴弹炸跳蚤，要下一番"绣花"功夫。

建档立卡，精准识别真正的贫困人口、贫困程度、致贫原因，派上万名"第一书记"驻村精准帮扶，因贫施策打造"五个一批"脱贫路径，用史上最严格考核制度，把好贫困退出关……

精准扶贫方略在一个个贫困山乡落地生根。数据显示，截至2017年，全国7000多万贫困人口中已经有2700万摆脱贫困。

习近平在关于制定"十三五"规划建议的说明中，满怀信心地指出，通过实施脱贫攻坚工程，实施精准扶贫、精准脱贫，7017万农村贫困人口脱贫目标是可以实现的。

他描绘出清晰脱贫路径图——到2020年，通过产业扶持，解决3000万人脱贫；通过转移就业，解决1000万人脱贫；通过易地搬迁，解决1000万人脱贫；还有2000多万完全或部分丧失劳动能力的贫困人口，全部纳入低保覆盖范围，实现社保政策兜底。

习近平说，"扶贫开发贵在精准，重在精准，成败之举在于精准""全过程都要精准"。

以"超常规举措"打"攻坚战"

扶贫不仅是重大经济问题，也是重大政治问题。脱贫攻坚离不开顶层设计和部署。

习近平明确指出，"脱贫攻坚必须坚持问题导向，以改革为动力，以构建科学的体制机制为突破口，充分调动各方面积极因素，用心、用情、用力开展工作"。

篇一

在"十三五"规划建议中,农村贫困人口脱贫被确定为全面建成小康社会"最艰巨的任务"。2015年11月召开的中央政治局会议,审议通过了《关于打赢脱贫攻坚战的决定》,明确要"采取超常规举措,拿出过硬办法,举全党全社会之力,坚决打赢脱贫攻坚战"。

2015年11月召开的中央扶贫开发工作会议,被称为"史上最高规格"的扶贫会。就在这次会上,中西部22个省区市党政一把手向中央签署了《脱贫攻坚责任书》,立下"脱贫军令状"。

一系列大力度决策部署,体现着以习近平同志为核心的党中央"反贫困"的坚强决心和强烈自信。

十八大以来,习近平在考察调研期间频频召开扶贫座谈会,把相关省区市的党政一把手集中起来,共同研究问题,统一部署工作,明确落实责任。

习近平在河北阜平考察时,以扶贫为主题的座谈会就连续召开了两场;2016年2月,在陕西考察期间主持召开陕甘宁革命老区脱贫致富座谈会;2016年7月,习近平在银川主持召开东西部扶贫协作座谈会,专门研究东西部扶贫协作和对口支援。

脱贫攻坚工作进入决胜阶段,要重点研究解决深度贫困问题。今年6月,习近平在山西考察期间召开的深度贫困地区脱贫攻坚座谈会上强调,脱贫攻坚本来就是一场硬仗,深度贫困地区脱贫攻坚更是这场硬仗中的硬仗。他进一步要求在8个方面精准发力,确保深度贫困地区在既定时间节点完成脱贫攻坚任务。

要"得到人民认可、经得起历史检验"

早在2012年12月,习近平就指出:"没有农村的小康,特别是没有贫困地区的小康,就没有全面建成小康社会。"他特别强调,"大家要深刻理解这句话的含义。"

党的十八大以来,党中央把贫困人口脱贫作为全面建成小康社会的底线任务和标志性指标。深刻理解这句话,就是深刻理解贫困地区脱贫之于全面建成小康社会的决定性意义。

"让贫困人口和贫困地区同全国人民一道进入全面小康社会,是我们党的庄严承诺,不管任务多么艰巨、还有多少硬骨头要啃，这个承诺都要兑现。"习近平一诺千金。

有这样一组数据：2013年至2016年4年间，累计脱贫5564万人；贫困发生率从2012年底的10.2%下降到2016年底的4.5%，下降5.7个百分点。

这组数据见证了中国奇迹，刷新了世界反贫困史上的减贫奇迹。

联合国秘书长古特雷斯认为，统筹兼顾、步调一致是中国减贫事业取得成功的重要原因。

正如习近平在东西部扶贫协作座谈会上指出："这在世界上只有我们党和国家能够做到，充分彰显了我们的政治优势和制度优势。"

7月26日，习近平在省部级主要领导干部专题研讨班发表重要讲话时强调，要"使全面建成小康社会得到人民认可、经得起历史检验"。

这是掷地有声的庄严承诺。

（新华网记者 黄玥）

2017年9月12日

改革开放只有进行时没有完成时。

这步棋，

习近平落子"供给侧结构性改革"

习近平在"7·26"重要讲话中指出,十八大以来"我们坚定不移全面深化改革,推动改革呈现全面发力、多点突破、纵深推进的崭新局面"。

改革,一直在路上。"全面发力、多点突破、纵深推进",这12个字是对十八大以来改革进程的高度概括。

推进:从改革到全面深化改革

2012年12月7日,习近平履新总书记不到一个月,就前往改革开放"得风气之先"的广东考察,明确宣示"改革不停顿、开放不止步"。他强调,我国改革已经进入攻坚期和深水区,我们必须以更大的政治勇气和智慧,不失时机深化重要领域改革。

2012年最后一天,新一届中央政治局进行第二次集体学习,主题便是改革。习近平就改革开放提出5点意见,涉及改革的方向方法等内容。他再次强调:"改革开放只有进行时没有完成时。"

2013年11月9日至12日,十八届三中全会召开,会议审议通过了《中共中央关于全面深化改革若干重大问题的决定》。这一决定对全面深化改革作出总部署、总动员，勾画出到2020年全面深化改革的时间表、路线图，实现了改革理论和政策的一系列新的重大突破，成为我们党在新的历史起点上全面深化改革的科学指南和行动纲领。

从改革到全面深化改革，是维度的重构，境界的升华。

火车跑得快，全靠车头带。"全面深化改革是一个复杂的系统工程，单靠某一个或某几个部门往往力不从心，这就需要建立更高层面的领导机制。"十八届三中全会明确，中央成立全面深化改革领导小组，负责改革总体设计、统筹协调、整体推进、督促落实。2013年12月30日，中央政治局会议决定成立中央全面深化改革领导小组，习近平任组长。

习近平亲自挂帅，彰显了全面深化改革的极端重要性。时间表确定，路线图绘就，领导机制确立，全面深化改革完成了"四梁八柱"的顶层设计。此后，全面深化改革步伐明显加快，最终形成了"全面发力、多点突

破、纵深推进的崭新局面"。

应变：从新常态到供给侧结构性改革

全面深化改革是一个浩大的系统工程，绝不能眉毛胡子一把抓，必须分清主次，有条不紊地推进。

十八届三中全会上，习近平在关于《中共中央关于全面深化改革若干重大问题的决定》的说明中指出，经济体制改革是全面深化改革的重点。

习近平指出，"重大经济体制改革的进度决定着其他方面很多体制改革的进度，具有牵一发而动全身的作用""经济体制改革是全面深化改革的重头，对其他领域改革具有牵引作用"。

"欲粟者务时，欲治者因势。"经济体制改革的推进因势而谋、应势而动、顺势而为。

2014年11月9日，习近平在亚太经合组织工商领导人峰会开幕式上发表演讲，系统阐述了中国经济发展新常态的主要特点：一是从高速增长转为中高速增长。二是经济结构不断优化升级，第三产业、消费需求逐步成为主体，城乡区域差距逐步缩小，居民收入占比上升，发展成果惠及更广大民众。三是从要素驱动、投资驱动转向创新驱动。

新常态下，中国经济发展面临"速度换挡节点""结构调整节点""动力转换节点"，我国出口优势和参与国际产业分工模式面临新挑战。基于对发展大势和发展规律的科学研判，2015年年底召开的中央经济工作会议明确提出，认识新常态、适应新常态、引领新常态，是当前和今后一个时期我国经济发展的大逻辑。

经济发展新常态的重大判断深刻回答了对中国经济"怎么看"的重大理论问题。那么，在这一大逻辑下，我们应该"怎么办"？

2015年11月召开的中央财经领导小组第十一次会议给出了明确回答："着力加强供给侧结构性改革，着力提高供给体系质量和效率"，从而增强经济持续增长动力，推动我国社会生产力水平实现整体跃升。

习近平指出，供给侧结构性改革是"适应我国经济发展新常态的必然要求"，是"综合研判世界经济形势和我国经济发展新常态作出的重大决策"。

供给侧结构性改革这枚重要"棋子"稳稳压住"星位",成为经济体制改革的发力点,推动改革这条"大龙"向全面深化方向行稳致远。

深耕:供给侧结构性改革从攻坚到深化

习近平强调,供给侧结构性改革是应对我国经济发展面临矛盾困难的有效良策。

一年多来,供给侧结构性改革的内容因时而变。

2015年年底的中央经济工作会议提出,要抓好去产能、去库存、去杠杆、降成本、补短板五大任务:积极稳妥化解产能过剩,帮助企业降低成本,化解房地产库存,扩大有效供给,防范化解金融风险。

2016年的中央经济工作会议提出,实施互相配合的五大政策支柱,即宏观政策要稳、产业政策要准、微观政策要活、改革政策要实、社会政策要托底。

习近平指出要"加法、减法一起做",既做强做大优势产业、培育壮大新兴产业、加快改造传统产业、发展现代服务业,又主动淘汰落后产能,腾出更多资源用于发展新的产业,在产业结构优化升级上获得更大主动。

一年多的攻坚克难,使许多领域的形势发生了积极变化。2017年,深入推进"三去一降一补",深入推进农业供给侧结构性改革,着力振兴实体经济,促进房地产市场平稳健康发展成为主要任务。

供给侧结构性改革向更广维度、更深层次、更大空间深化拓展。

从攻坚到深化,供给侧结构性改革坚持问题导向,不断"深耕细作",朝着彻底根除病灶方向奋力前行。

发展:改革全面发力促经济稳中向好

中央全面深化改革领导小组第二十三次会议指出,供给侧结构性改革与全面深化改革"是相通的"。

因其"相通",所以能够形成合力,产生奇效。2016年,国内生产总值比上年增长6.7%。2017年一、二季度同比增长均为6.9%。这是一条平稳向上的运行曲线,明确显示了中国经济稳中向好的趋势。

一年多来,供给侧结构性改革推动各项改革全面发力,成效亮眼:

到今年6月底,我国钢铁去产能已完成全年目标,煤炭上半年共退出产能1.11亿吨,完成年度目标任务量的74%。

国务院连续出台减税政策以及进一步清理规范涉企政府性收费等降费政策,每年合计减轻企业负担约10010亿元,可以实现全年减税降费1万亿元以上的目标。

2017年上半年经济半年报中那些体现了经济结构优化升级、新旧动能加快转换的数据,更让人惊喜:

——服务业主导经济增长的特征更加明显:上半年服务业增加值占国民经济比重达54.1%,高于第二产业14个百分点。

——制造业向中高端迈进:高技术制造业和装备制造业增加值上半年同比分别增长13.1%和11.5%,增幅分别高于规模以上工业6.2和4.6个百分点,占规模以上工业比重分别达12.2%和32.2%。

——新的市场主体竞相成长:前五个月全国新登记

注册企业数量同比增长14.7%，日均新登记注册企业1.56万户。

……

这些分量足、成色好的数据，给稳健前行的中国经济增添了亮色，更为推进全面深化改革增添了动力和信心。

经济学家厉以宁说："正在发展构建中的供给侧结构性改革理论，是在中国经济土壤中生长起来的，是改革开放30多年我国经济发展经验的结晶，是中国特色社会主义政治经济学的重要内容，是适应和引领经济发展新常态的重大创新。"

改革，永远都是"进行时"。有了供给侧结构性改革这一有力之"楫"，中国经济这艘航船中流击水，必当履险若夷。

（新华网记者　赵银平）

2017年9月13日

学习进行时

法律是治国之重器，
良法是善治之前提。

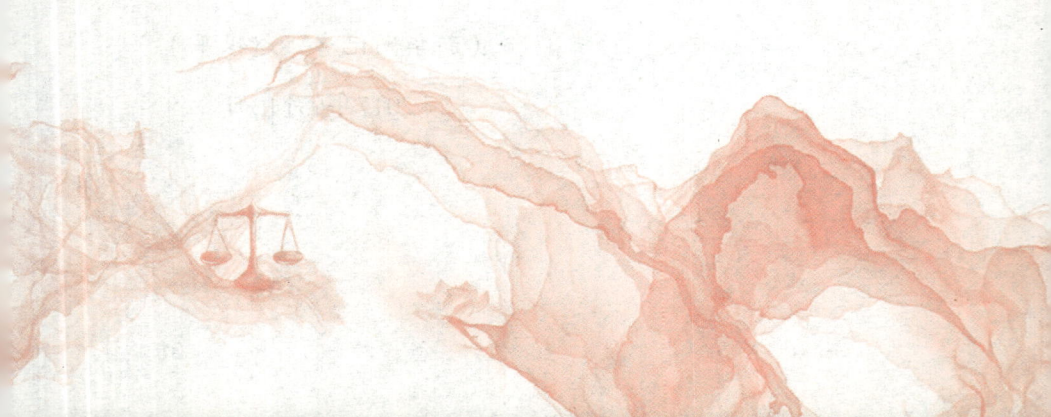

这步棋，
习近平落子"公平正义"

法治兴则国家兴,法治衰则国家乱。历史的经验告诉我们,法治是治国理政不可或缺的重要手段。

十八大以来,谋划民族复兴这盘"大棋局",习近平始终高度重视依法治国,坚定落子"公平正义",为中国特色社会主义法治建设谱写了新的篇章。

循公平正义之"谱",布依法治国之"局"

"依法治国是党领导人民治理国家的基本方略,法治是治国理政的基本方式。"2012年12月,习近平总书记出席首都各界纪念现行宪法公布施行三十周年大会并发表重要讲话,从全局高度指出,要"坚持依法治国、依法执政、依法行政共同推进,坚持法治国家、法治政府、法治社会一体建设",作出"努力让人民群众在每一个司法案件中都能感受到公平正义"的庄严承诺。

2013年11月召开的十八届三中全会对全面深化改革作出系统部署。"建设法治中国"纳入《中共中央关于全面深化改革若干重大问题的决定》。此后不久举行的中央政法工作会议上,习近平指出,促进社会公平正义是政法工作的核心价值追求，保障人民安居乐业是政法工作的根本目标，要求政法战线旗帜鲜明坚持党的领导，实施好依法治国这个党领导人民治理国家的基本方略。

2014年9月，习近平在庆祝全国人民代表大会制度成立60周年大会上强调，要抓住提高立法质量这个关键，深入推进科学立法、民主立法，完善立法体制和程序，努力使每一项立法都符合宪法精神、反映人民意愿、得到人民拥护。

2014年10月，十八届四中全会在北京召开。我们党首次以全会的形式专题研究部署全面推进依法治国，确定了全面推进依法治国的总目标是"建设中国特色社会主义法治体系，建设社会主义法治国家"。提出这个总目标，既明确了全面推进依法治国的性质和方向，又突出了全面推进依法治国的工作重点和总抓手。

"法律是治国之重器，良法是善治之前提"，写入全会公报中的这句话，鲜明地揭示了"法"与"治"的关系。全会审议通过了党的历史上第一个关于加强法治建设的专门决定——《中共中央关于全面推进依法治国

若干重大问题的决定》。

2015年2月,在省部级主要领导干部学习贯彻党的十八届四中全会精神全面推进依法治国专题研讨班上,习近平指出,党的十八届三中全会决定、四中全会决定形成了姊妹篇,改革和法治如鸟之两翼、车之两轮,将有力推动全面建成小康社会事业向前发展。他强调,要把全面依法治国放在"四个全面"的战略布局中来把握,深刻认识全面依法治国同其他三个"全面"的关系,努力做到"四个全面"相辅相成、相互促进、相得益彰。

跨"楚河"过"汉界",推进司法体制改革

随着社会的发展和改革的深入,推进全面依法治国面临着许多新问题,需要迎接许多新挑战,需要突破许多阻拦公平正义的"楚河""汉界"。

如何确保社会公平正义,保障司法应有的定纷止争、制约公权的功能?习近平强调,"解决这些问题,就要靠深化司法体制改革"。改革,担当起"过河

卒""当头炮"的重任。

党的十八大以来，习近平从顶层设计入手，对司法体制改革作出整体部署，下出招招相扣、步步紧逼的"连环棋"。

十八届三中全会把司法改革确定为全面深化改革的重点领域之一，改革司法管理体制，优化司法职权配置，完善人权司法保障制度等成为建设法治中国的重要举措。

2014年1月，中央政法工作会议召开；2月，中央全面深化改革领导小组召开第二次会议，习近平强调，要深化司法体制改革，促进社会公平正义；10月，十八届四中全会通过的决定坚持改革方向、问题导向，提出对依法治国具有重要意义的改革举措；2015年3月，习近平在主持十八届中央政治局第二十一次集体学习时强调，"问题是工作的导向，也是改革的突破口""要紧紧牵住司法责任制这个牛鼻子"。

系列"连环棋"，按下了司法体制改革的"快进键"。

司法责任制改革是司法改革的关键，"让审理者裁判,由裁判者负责"。2015年8月18日,习近平主持召开中央深改组第十五次会议,审议通过《关于完善人民法院司法责任制的若干意见》《关于完善人民检察院司法责任制的若干意见》,针对"审者不判、判者不审"的顽疾对症下药,明确要求法官、检察官要对案件质量"终身负责"。

中央深改组第三次会议审议通过《关于司法体制改革试点若干问题的框架意见》,明确提出完善司法人员分类管理等措施的改革路径。2017年7月,最高人民法院首批367名入额法官和最高人民检察院首批228名入额检察官分别完成宪法宣誓仪式,标志着员额制改革在全国法院、检察院已全面落实。

习近平非常重视以审判为中心的诉讼制度改革,他用"100−1=0"来阐述其中道理,强调一个错案的负面影响足以摧毁九十九个公正裁判积累起来的良好形象。对此,中央深改组第二十五次会议对《关于推进以审判为中心的刑事诉讼制度改革的意见》进行审议。2017年4月18日,中央深改组第三十四次会议通过了《关于办理刑事案件严格排除非法证据若干问题的规定》,明确指出严格排除非法证据,事关依法惩罚犯罪、保障人权。

跨行政区划的人民法院、人民检察院,人民陪审员制度,立案登记制改革,检察机关提起公益诉讼改革试点……这些具体举措,共同托起了司法体制改革的主体框架,全面依法治国进程步步推进。

陈满案依法撤销原判、呼格吉勒图案沉冤昭雪……党的十八大以来,全国司法系统依法纠正重大冤假错案34件,涉及当事人54名。

"良法"与"善治"相辅相成、齐头并进。

"为子孙万代计、为长远发展谋"

"建设中国特色社会主义法治体系,建设社会主义法治国家"是十八届四中全会确定的全面推进依法治国的总目标。习近平指出,落实依法治国基本方略,加快建设社会主义法治国家,必须全面推进科学立法、严格执法、公正司法、全民守法进程。

推进科学立法、民主立法,是提高立法质量的根本途径。习近平强调,科学立法的核心在于尊重和体现客观规律，民主立法的核心在于为了人民、依靠人民。要完善科学立法、民主立法机制，创新公众参与立法方式，广泛听取各方面意见和建议。

天下之事，不难于立法，而难于法之必行。习近平指出，全面推进依法治国，必须坚持严格执法。他要求政法机关"树立惩恶扬善、执法如山的浩然正气"，要信仰法治、坚守法治，做知法、懂法、守法、护法的执法者，站稳脚跟，挺直脊梁，只服从事实，只服从法律，铁面无私，秉公执法。

公正是司法的灵魂和生命。在主持中共中央政治局第四次集体学习时，习近平强调所有司法机关都要紧紧围绕"公平正义"这一目标改进工作，重点解决影响司法公正和制约司法能力的深层次问题，改进司法工作作风，规范司法行为，加大司法公开力度，回应人民群众对司法公正公开的关注和期待。

法律要发挥作用，需要全社会信仰法律。习近平指出，"要深入开展法制宣传教育，弘扬社会主义法治精神，引导群众遇事找法、解决问题靠法"，要以实际行动让老百姓相信法不容情、法不阿贵。

"全面推进依法治国涉及改革发展稳定、治党治国治军、内政外交国防等各个领域,必须立足全局和长远来统筹谋划。"习近平鲜明指出,"我们提出全面推进依法治国,坚定不移厉行法治,一个重要意图就是为子孙万代计、为长远发展谋。"

"为子孙万代计",人民是当然的中心。

2014年,习近平在中央政法工作会议上提出四个"决不允许":决不允许对群众的报警求助置之不理,决不允许让普通群众打不起官司,决不允许滥用权力侵犯群众合法权益,决不允许执法犯法造成冤假错案。他要求政法战线"肩扛公正天平、手持正义之剑",以实际行动维护社会公平正义,让人民群众切实感受到公平正义就在身边。

五年来,习近平对政法工作所作的重要指示,件件离不开公平正义,离不开服务人民。

党的领导是法治之魂

依法治国是党领导人民治理国家的基本方略,法治是治国理政的基本方式。"办好中国的事情关键在党",推进全面依法治国自然也"关键在党"。

习近平强调,我们必须牢记党的领导是中国特色社会主义法治之魂,是我们的法治同西方资本主义国家的法治最大的区别。把党的领导贯彻到依法治国全过程和各方面,是我国社会主义法治建设的一条基本经验。

在7月26日举行的省部级主要领导干部专题研讨班开班式上,习近平概述5年来各项工作时指出:"我们坚定不移全面推进依法治国,显著增强了我们党运用法律手段领导和治理国家的能力。"

制定民法总则、废止劳动教养法律规定、修订大气污染防治法、预算法等,一批关系国计民生的法律法规让经济社会运行更加有序;设立国家宪法日和宪法宣誓制度、建立规范性文件备案审查制度等,一系列法律法规的有效实施,让公民权利落到实处,让法治精神深入人心……

"全面推进依法治国这件大事能不能办好,最关键的是方向是不是正确、政治保证是不是坚强有力",习近平指出,党的领导是中国特色社会主义最本质的特征，是社会主义法治最根本的保证。

依法治国之路，同时也是党的法治建设之路。全面推进依法治国，必须努力形成国家法律法规和党内法规制度相辅相成、相互促进、相互保障的格局。

从制定中央八项规定到修订《中国共产党巡视工作条例》，从修订《中国共产党纪律处分条例》到出台《中国共产党问责条例》，从制定《中国共产党党内监督条例》到印发《关于加强党内法规制度建设的意见》……五年来，党中央共出台或修订近30部党内法规，党内法规体系日趋完善，约束"关键少数"标准更严，使广大党员、干部将法治内化于心、外践于行。各级党委和政府将权力运行纳入法治轨道。推动政府依宪施政、依法行政，用法治思维和法治方式履行职责。

坚持党的领导，全面依法治国就有了根本保证；坚持党的领导，公平正义旗帜就会永远高扬。

（新华网 金佳绪）

2017年9月14日

全面从严治党
永远在路上。

这步棋，
习近平落子"关键少数"

7月26日,习近平在省部级主要领导干部专题研讨班开班式上发表的重要讲话中告诫全党,全面从严治党依然任重道远,强调要坚持问题导向,保持战略定力,推动全面从严治党向纵深发展。

十八大以来,习近平对全面从严治党层层谋划部署,布局中的关键措施就是牢牢抓住领导干部这个"关键少数",以上率下,带动全面从严治党踏石留印、抓铁有痕,扎实推进。

正人先正己,持之以恒抓作风

2012年11月15日,新当选的十八届中央政治局常委同中外记者见面时,习近平将新一届中央领导集体的使命概括为3个重大责任,其中一个责任就是对党的责任。他曾说过,如果管党不力、治党不严,人民群众反映强烈的党内突出问题得不到解决,那我们党迟早会失去执政资格,不可避免被历史淘汰。

党的作风是党的形象,是观察党群干群关系、人心向背的晴雨表。群众反映最强烈的问题之一就是党内存在的形式主义、官僚主义、享乐主义、奢靡之风等不良作风。习近平全面从严治党的第一招，指向的就是这些不良作风。

2012年12月4日，习近平主持召开中央政治局会议，审议通过中央八项规定。规定从调研、会议、简报、出访、警卫、报道、文稿发表、勤俭节约等各个方面从严作出要求，令人耳目一新。

会议明确强调，作风建设，首先要从中央政治局做起，要求别人做到的自己先要做到，要求别人不做的自己坚决不做，以良好党风带动政风民风，真正赢得群众信任和拥护。

这是以习近平同志为核心的党中央加强和改进党的作风的第一步。习近平严肃表示："中央政治局同志从我本人做起。"

3天后，习近平赴广东考察，途中没有实施封路限行措施，公交车、出租车、私家车与车队同向并行。

中央率先垂范，各地各部门积极跟进，相继下发了贯彻落实中央八项规定的意见、措施、规定、办法或细则。

5年来，无论是赴地方考察调研，还是出国访问，习近平都亲自审定方案，要求严格执行中央八项规定。他去得最多的是基层，询问最多的是群众实际困难。出行上，他轻车简从；住宿上，他尽量简化安排；用餐上，他最钟爱的还是家常菜。

"作风建设永远在路上"，习近平强调抓作风重在抓常、抓细、抓长，同时必须始终抓住理想信念这条红线。

习近平说，理想信念就是共产党人精神上的"钙"，理想信念坚定，骨头就硬，没有理想信念，或理想信念不坚定，精神上就会"缺钙"，就会得"软骨病"，就可能导致政治上变质、经济上贪婪、道德上堕落、生活上腐化。

中央八项规定出台后，习近平即着手安排集中性的党内教育，为广大党员、干部在理想、信念上进行集中"补钙"和"加油"。

从2013年起，全党用一年多的时间，开展党的群众路线教育实践活动。2015年，开展"三严三实"专题教育。2016年，又启动了"两学一做"学习教育。

这3轮党内教育既整体有机布局，又有序层层推进。习近平始终要求领导干部率先垂范、做好表率，"一级做给一级看"。

党的群众路线教育实践活动在部署阶段就强调中央政治局要带头开展。第一批教育实践活动中，政治局常委分别联系一个省，第二批活动中分别联系一个县。"三严三实"专题教育更明确了在县处级以上领导干部中开展。"两学一做"学习教育开始后，习近平专门指示，县处级以上党员领导干部要作出表率，紧密联系领导工作实际，"学得更多一些、更深一些，要求更严一些、更高一些"。

2017年初，中办印发了《关于推进"两学一做"学习教育常态化制度化的意见》，强调推进"两学一做"学习教育常态化制度化，要坚持全覆盖、常态化、重创新、求实效，同时要融入日常、抓在经常。

立规扎笼子，严肃党内政治生活

严肃党内政治生活是全面从严治党的基础。习近平说:"做好各方面工作,必须有一个良好政治生态。政治生态污浊,从政环境就恶劣;政治生态清明,从政环境就优良。"

要解决党内政治生活庸俗化、随意化、平淡化的突出问题,实现政治生态的山清水秀,习近平首先要求"把纪律挺在前面",严明政治纪律和政治规矩。

严明纪律的前提是有纪可依。这5年,习近平将加强纪律建设作为全面从严治党的治本之策,不断把制度的笼子编密扎紧。

中央八项规定出台后,2013年5月,《中国共产党党内法规制定条例》和《中国共产党党内法规和规范性文件备案规定》发布。同年11月,《中央党内法规制定五年规划纲要》出台,要求经过5年努力,基本形成适应管党治党需要的党内法规制度体系框架。

2015年10月,中共中央印发《中国共产党廉洁自律准则》和《中国共产党纪律处分条例》。

2016年6月,中共中央政治局审议通过《中国共产党问责条例》。

2016年10月,十八届六中全会审议通过《关于新形势下党内政治生活的若干准则》和《中国共产党党内监督条例》。

……

5年来，中央共出台或修订近80部党内法规，超过现有党内法规的40%，其中许多都以"关键少数"为重点。

《关于新形势下党内政治生活的若干准则》中，提及"高级干部"的有20多处。准则还进一步强调，高级干部要清醒认识自己岗位对党和国家的特殊重要性，职位越高越要自觉按照党提出的标准严格要求自己，越要做到党性坚强、党纪严明，做到对党始终忠诚、永不叛党。

《中国共产党党内监督条例》中，专门设立党的中央组织的监督一章，强调中央委员会成员必须严格遵守党的政治纪律和政治规矩，对中央政治局民主生活会，政治局委员参加双重组织生活会等事项作出明确规定。

习近平强调，新形势下加强和规范党内政治生活，重点是各级领导机关和领导干部，关键是高级干部特别是中央委员会、中央政治局、中央政治局常务委员会的

组成人员。习近平说,必须首先从这部分人抓起。

"在对党忠诚问题上,中央政治局的同志必须纯粹""中南海要始终直通人民群众""做勇于自我革命的战士"……准则和条例出台后,习近平主持召开中央政治局民主生活会,中央政治局带头进行自我检查、党性分析,开展批评和自我批评。会前均通过征求意见、谈心谈话、查摆问题等方式进行了充分准备;会中,中央政治局同志逐个发言,按照要求对照检查。为全党立起严肃党内政治生活的信号塔和标志杆。

打"虎"拍"蝇",清除最大威胁

"我们党作为执政党,面临的最大威胁就是腐败。"习近平指出,对腐败必须坚持零容忍的态度。

2012年11月17日,主持十八届中央政治局第一次集体学习,习近平就语重心长地告诫:"物必先腐,而后虫生","大量事实告诉我们,腐败问题越演越烈,最终必然会亡党亡国"!

这5年,习近平多次出席十八届中央纪委全会并发表重要讲话，既有深刻总结，又有具体部署。

在十八届中央纪委二次全会上，习近平提出的"坚持'老虎'、'苍蝇'一起打"成为反腐败斗争的总基调。

中纪委三次全会，习近平强调，反腐败高压态势必须继续保持，坚持以零容忍态度惩治腐败。

中纪委五次全会，习近平提出要打赢反腐败斗争这场攻坚战、持久战，强调党风廉政建设和反腐败斗争"永远在路上"。

中纪委六次全会，习近平指出，党中央坚定不移反对腐败的决心没有变，坚决遏制腐败现象蔓延势头的目标没有变。要求全党对反腐败斗争要有"四个足够自信"。

中纪委七次全会，习近平要求，要做到惩治腐败力度决不减弱、零容忍态度决不改变，坚决打赢反腐败这场正义之战。

数次讲话，无不传递出一个强烈信号：有案必查、有腐必惩，腐败分子不论职位多高、权力多大，在党内都没有藏身之地。

周永康、薄熙来、徐才厚、郭伯雄、令计划、苏荣等一批高级干部因严重违纪违法先后受到党纪国法严惩。天津市原市委代理书记、市长黄兴国，辽宁省委原书记王珉，山东省济南市原市长杨鲁豫，安徽省原副省长杨振超等"老虎"，在巡视"回头看"工作中被拿下，巡视"利器"持续发力生威。

5年来的反腐"成绩单"，不仅令世界瞩目，更使人民群众增强了对党的信任和支持。国家统计局问卷调查结果显示，91.5%的群众对党风廉政建设和反腐败工作成效表示很满意或比较满意。

群众满意和支持，印证了习近平的庄严承诺——我们党反腐败不是看人下菜的"势利店"，不是争权夺利的"纸牌屋"，也不是有头无尾的"烂尾楼"，而是真正的自我净化、自我完善、自我革新和自我提高。

2016年12月28日，习近平主持召开中央政治局会议。会议作出了"反腐败斗争压倒性态势已经形成"的重要判断，并强调"推动全面从严治党向纵深发展"。

党和人民事业发展到什么阶段，党的建设就要推进到什么阶段，习近平念兹在兹。

2016年底,中办发文部署在3省市设立各级监察委员会,从体制机制、制度建设上先行先试、探索实践,为在全国推开积累经验。国家监察制度的顶层设计将进一步完善。

习近平全面从严治党的这步棋,将继续牵动全局,走出决胜之势。

(新华网记者 王子晖)

2017年9月15日

创新是引领发展的第一动力。

这步棋，
习近平落子"创新驱动"

苟日新，日日新，又日新。创新，是一个民族进步的灵魂，是一个国家兴旺发达的不竭源泉，也是中华民族最深沉的民族禀赋。

对于创新，习近平十分重视，创新不仅是重要讲话里出现的"高频词"之一，更是他谋划国家社会发展全局，下出的一步重要"先手棋"。

"第一动力"和"全局核心"

创新是习近平治国理政的核心理念之一。十八大以来的5年里，不论是重要会议还是地方考察，习近平常常在不同场合反复强调创新的重要性，频频谈创新，事事讲创新，处处谋创新，从全局的高度谋划部署，将"创新"这关键"一子"置于发展全局中的重要位置。

党的十八大作出了实施创新驱动发展战略的重大部署，提出要坚持走中国特色自主创新道路，以全球视野谋划和推动创新。对此，习近平指出，实施创新驱动发展战略，是加快转变经济发展方式、提高我国综合国力和国际竞争力的必然要求和战略举措，要"把创新驱动发展作为面向未来的一项重大战略实施好"。

综合国力竞争，说到底就是创新能力的竞争。2013年9月，中共中央政治局举行第九次集体学习，习近平带领与会同志来到我国第一个高技术园区——中关村参观创新成果展示。习近平提出，要进一步解放思想，加快科技体制改革步伐，破除一切束缚创新驱动发展的观念和体制机制障碍。

2014年8月，中央财经领导小组第七次会议召开，会议主题就是研究实施创新驱动发展战略。会上，习近平对创新驱动发展提出"牢牢把握正确方向""大力集聚创新人才""建立健全体制机制""全方位加强国际合作"4点意见，强调要抓紧出台实施创新驱动发展的政策和部署，集中力量、协同攻关。

"创新是引领发展的第一动力"，2015年全国两会，习近平在参加上海代表团审议时提出了这一重大论断，强调"抓创新就是抓发展，谋创新就是谋未来"。10月召开的十八届五中全会鲜明提出"创新、协调、绿色、开放、共享"的五大发展理念。在新发展理念中，创新赫然居于首位。此次全会对创新进行了进一步的明

确"定调",强调"坚持创新发展理念,必须把创新摆在国家发展全局的核心位置""让创新贯穿党和国家一切工作"。

2016年1月,在省部级主要领导干部学习贯彻十八届五中全会精神专题研讨班开班式上,习近平详细阐释新发展理念的重大意义,为领导干部们上了一堂"创新课"。习近平指出,协调发展、绿色发展、开放发展、共享发展都有利于增强发展动力,但核心在创新,"抓住了创新,就抓住了牵动经济社会发展全局的'牛鼻子'"。习近平强调,必须把发展基点放在创新上,通过创新培育发展新动力、塑造更多发挥先发优势的引领型发展。

"惟创新者进,惟创新者强,惟创新者胜",习近平的话掷地有声。

"科技创新,就像撬动地球的杠杆"

在绵延5000多年的文明发展进程中,我国曾长期居于世界强国之列。但是,明代以后中国却屡错发展良机，慢慢滑下"世界之巅"。

"近代史上，我国落后挨打的根子之一就是科技落后""中国要强，中国人民生活要好，必须有强大科技"。习近平一语道破个中关键。他指出，谁牵住了科技创新这个"牛鼻子"，谁走好了科技创新这步"先手棋"，谁就能占领先机、赢得优势。

面对新一轮科技革命和产业变革的孕育兴起，以及全球科技创新呈现的新态势、新特征，习近平明确表示，我们不能在这场科技创新的大赛场上落伍，必须迎头赶上、奋起直追、力争超越。

科技创新，逐渐成为我国全面创新的关键支撑。

"创新是多方面的，包括理论创新、体制创新、制度创新、人才创新等，但科技创新地位和作用十分显要。"2014年8月，习近平在中央财经领导小组第七次会议上指出，党的十八大提出的实施创新驱动发展战略，就是要推动以科技创新为核心的全面创新，增强科技进步对经济增长的贡献度，形成新的增长动力源泉，推动经济持续健康发展。

十八届五中全会上，习近平指出，新一轮科技革

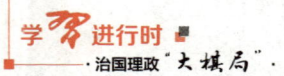

命带来的是更加激烈的科技竞争,如果科技创新搞不上去,发展动力就不可能实现转换,我们在全球经济竞争中就会处于下风。他反复强调,适应和引领我国经济发展新常态,关键是要依靠科技创新转换发展动力。

2016年3月发布的"十三五"规划纲要中,"强化科技创新引领作用"作为"实施创新驱动发展战略"的重要一章被纳入其中,明确提出要发挥科技创新在全面创新中的引领作用,着力增强自主创新能力,为经济社会发展提供持久动力。

科技创新永无止境,那么如何牵好"牛鼻子",下好"先手棋",让科技创新更好地带动我国经济社会发展?习近平强调,"我们是一个大国,在科技创新上要有自己的东西""一定要坚定不移地走中国特色自主创新道路"。

"真正的核心关键技术是花钱买不来的",2013年11月,习近平在视察国防科学技术大学时说,我们要在激烈的国际军事竞争中掌握主动,就必须大力推进科技进步和创新,大幅提高国防科技自主创新能力。

"只有把核心技术掌握在自己手中,才能真正掌握竞争和发展的主动权"。2014年6月，在中国科学院第十七次院士大会、中国工程院第十二次院士大会上，习近平告诫广大科技工作者，不能总是指望依赖他人的科技成果来提高自己的科技水平，更不能做其他国家的技术附庸，永远跟在别人的后面亦步亦趋，"我们没有别的选择，非走自主创新道路不可"。

2015年3月，习近平在参加十二届全国人大三次会议上海代表团审议时再一次强调，我国发展到现在这个阶段，不仅从别人那里拿到关键核心技术不可能，就是想拿到一般的高技术也是很难的，所以立足点要放在自主创新上。

5年来，在习近平的高度重视和精心谋划下，中国科技创新不断取得傲人成绩，一批批具有标志性意义的重大科技成果不断涌现。

使用中国自主芯片制造的超级计算机"神威—太湖之光"登上全球超级计算机500强榜首；我国具有完全自主知识产权、首款按照最新国际适航标准研制的干线民用飞机C919翱翔蓝天；世界首颗量子科学实验卫星"墨子号"飞向太空；世界最大的基因库"中国国家基

因库"正式投入运行;被誉为"中国天眼"的FAST射电望远镜落成启用;我国自主研发的遥控水下机器人"海斗"号潜深达到10767米,首次进入万米时代;2016年,国内有效发明专利拥有量突破110万件,我国成为继美国和日本之后,世界上第三个发明专利拥有量超过百万件的国家……

与此同时,科技创新也引领着一系列新技术和新产品逐步走入寻常百姓家。移动支付,3D打印,大数据,云计算,机器人,人工智能……我国人民的生活方式正在科技创新的影响下发生着巨大改变。美国《华尔街日报》刊文称,中国正努力重现历史辉煌,在科技创新上"重回世界之巅"。

习近平指出:"科技创新,就像撬动地球的杠杆,总能创造令人意想不到的奇迹。"

让创新成为贯穿一切工作的"红线"

"创新是多方面的",在习近平眼里,创新是引领发展的第一动力,不论是理论、制度还是文化、人才,党和国家的一切工作都需要将创新贯穿其中，他要求"让创新在全社会蔚然成风"。

只有正确理论指导才能有科学实践。党的十八大以来，以习近平同志为核心的党中央在理论创新和实践创新上不断取得丰硕成果，从确立"两个一百年"奋斗目标到提出"中国梦"，从统筹推进"五位一体"总体布局到协调推进"四个全面"战略布局，从把握中国经济发展新常态到牢固树立五大发展理念……建设中国特色社会主义的"路线图"愈发清晰。

习近平强调，我们党之所以能够历经考验磨难无往而不胜，关键就在于不断进行实践创新和理论创新。

制度创新是创新发展的保障。党的十八大强调，要把制度建设摆在突出位置，充分发挥我国社会主义政治制度优越性。习近平指出，我们要坚持以实践基础上的理论创新推动制度创新，坚持和完善现有制度，从实际出发，及时制定一些新的制度，构建系统完备、科学规范、运行有效的制度体系，使各方面制度更加成熟更加定型，为夺取中国特色社会主义新胜利提供更加有效的制度保障。

中华民族有着强大的文化创造力，中华文化既坚守本根又在不断与时俱进。习近平强调，必须牢牢把握社会主义文化建设的重要任务，弘扬和培育以爱国主义为核心的民族精神和以改革创新为核心的时代精神，"以改革创新的精神冲破一切束缚文化发展的思想观念和体制机制，进一步解放和发展文化生产力"。

功以才成，业由才广，人才是创新的根基，创新驱动实质上是人才驱动。对于人才，习近平态度鲜明——寻觅人才求贤若渴，发现人才如获至宝，举荐人才不拘一格，使用人才各尽其能。从全国组织工作会议到"科技三会"上的讲话，习近平反复提及人才问题，强调要"把人才作为支撑发展的第一资源"。十八大以来，我国大力推动人才创新，实施人才强国战略，着力推进"千人计划""万人计划"等一系列国家级人才工程，实施股权激励、实行成果转化奖励等政策，不断破除人才流动的制度障碍，不断激发科研人员的创新热情。人人皆可成才、人人皆尽其才，成为习近平落子"创新驱动"的关键支撑。

党的十八大以来的5年，是党和国家发展进程中很不平凡的5年，解决了许多长期想解决而没有解决的难题，办成了许多过去想办而没有办成的大事。党的历史就是一部生动的创新史，"我们要在今后的实践中，继续写好这部创新史，才能无愧于前人，无愧于后人"。

创新，永无止境！

（新华网　金佳绪　王雪）

2017年9月18日

学习进行时

下好『十三五』时期发展的全国一盘棋，协调发展是制胜要诀。

这步棋，

习近平落子"区域协调发展"

千钧将一羽,轻重在平衡。

"下好'十三五'时期发展的全国一盘棋,协调发展是制胜要诀。"党的十八大以来,习近平总书记围绕协调发展作出一系列重要论断和系统部署,具有重大的现实意义和深远的历史意义。在全面建成小康社会的征程中,既巩固和厚植既有优势,也下大力气破解难题、补齐短板,着眼于实现一体联动和重点突破相统一,"协调"一词被赋予新的时代内涵,相关重大决策的政策效应已经显现。

谋大势:应对挑战 问题导向赋予"协调"新内涵

习近平强调:"现在,这个时跨本世纪头20年的奋斗历程到了需要一鼓作气向终点线冲刺的历史时刻。"那么,在全面建成小康社会决胜阶段,协调发展是为了解决什么问题?

"全面建成小康社会,强调的不仅是'小康',而且更重要的也是更难做到的是'全面'";

"全面小康，覆盖的领域要全面，是五位一体全面进步"；

"全面小康，覆盖的人口要全面，是惠及全体人民的小康"；

"全面小康，覆盖的区域要全面，是城乡区域共同的小康"；

……

习近平在十八届五中全会第二次全体会议上的讲话中，阐明了"两个一百年"奋斗目标的深刻内涵与实现途径。

"从时间维度看，中国这样的快速追赶经济体实现协调发展是新常态下的严峻挑战。从空间维度看，我国人口规模超过亚洲以外的任何一个大洲，疆域面积居世界第三，古往今来都存在较大的内部差距。这样的巨型经济体在目前所处发展阶段下，实现协调发展的难度世所少有。对于当代中国而言，能否成功实现协调发展，直接关系到'两个一百年'奋斗目标能否顺利实现。"国务院发展研究中心主任李伟这样解读。

可见，"创新、协调、绿色、开放、共享"五大发展理念不是凭空得来，而是针对我国发展中的突出矛盾、问题而提出。其中，把协调发展放在我国发展全局的重要位置，为理顺发展关系、拓展发展空间、提升发展效能提供了根本遵循。

"操其要于上，而分其详于下"。因应艰巨挑战，《中共中央关于制定国民经济和社会发展第十三个五年规划的建议》提出多个着力点，要求在区域、城乡、物质文明和精神文明、经济建设和国防建设等关系上推动协调发展。

实际上，全面小康，重在"全面"，也难在"全面"。这个"全面"，既要城市繁荣，也要农村红火；既要东部率先，也要西部开发、中部崛起、东北振兴；既要家家仓廪实衣食足，也要精神文化生活丰富；既要国富民强，也要强军安邦。"要收获全面"，就须统筹兼顾，协调发展。

做活棋：千年大计 以"加减乘除"促区域协同

全局上谋势，关键处落子。且看看区域协调发展的

"妙手"。

2017年4月1日，中共中央、国务院决定设立河北雄安新区。吸引全球视野的这一"千年大计"正式走上历史舞台，成为中国创新区域协调发展路径的点睛之笔。

"目前京津冀三地发展差距较大，不能搞齐步走、平面推进，也不能继续扩大差距，应从实际出发，选择有条件的区域率先推进，通过试点示范带动其他地区发展。"2014年10月17日，习近平总书记对《京津冀协同发展规划总体思路框架》批示时指出。

京畿重地，濒临渤海，携揽"三北"，承载1亿多人口，是拉动中国经济发展的重要引擎之一，却也面临着区域发展不均衡的困惑和矛盾。其发展新动能在何方？

"自觉打破自家'一亩三分地'的思维定式，抱成团朝着顶层设计的目标一起做。"时刻挂念着京津冀协同发展战略的实施情况，习近平多次深入京津冀三省市考察调研，数次主持召开会议研究和部署实施，在不同时段、关键节点给予重要指导，为三地区域协调发展指明方向，开出"良方"。

2014年2月26日，习近平召开座谈会，在讲话中首次提出了京津冀协同发展的重大国家战略。2015年4月，他主持召开中共中央政治局会议审议通过《京津冀协同发展规划纲要》，确定了"功能互补、区域联动、轴向集聚、节点支撑"的布局思路，明确了以"一核、双城、三轴、四区、多节点"为骨架。

从提出"多点一城、老城重组"思路，到论证疏解北京非首都功能的集中承载地，习近平对设立雄安新区的战略思考不断深入，构想逐渐变为现实。大时代背景下中国区域协调发展的新支点，也由此面世。

"建设北京城市副中心和雄安新区两个新城，形成北京新的'两翼'。这是我们城市发展的一种新选择。"正恰如围棋中的"做活"之策——做成两眼，盘面皆活。

顶层设计，为这项战略实施提供了形成强大合力的行动指南，京津冀地区迎来千载难逢的发展窗口期。

作为全国首个跨省市的五年规划，京津冀国民经济和社会发展"十三五"规划于2016年发布实施。京津冀空间规划编制完成，12个专项规划和一系列政策意见相继出台，层次分明、衔接紧凑的协同发展规划体系已渐成形。

经济增长新动能，就蕴于区域发展格局的变迁中。明晰各自定位后，三地结构优化做"加法"，功能疏解做"减法"，科技创新做"乘法"，打破壁垒做"除法"，发展的整体性、联动性、协同性进一步增强，协同发展也更快、更广、更深：今年上半年，三地GDP占全国10%，分别实现GDP同比增长6.8%、6.9%和6.8%。

补短板：打通板块　让发展之"桶"容量更大

"补厥挂漏，俾臻完善"。如何加快补齐短板、缩小东中西部地区发展差距，是实现我国区域协调发展的另一历史性命题。

如果说推进京津冀协调发展战略侧重于优化空间格局、实现三地优势互补，长江经济带发展战略的提出及实施，则是勾勒出中华民族母亲河流域的壮阔蓝图，意在深化东中西部合作，按下了为欠发达地区补短板的"快进键"。

"谋划'十三五'时期经济社会发展，必须全力做好补齐短板这篇大文章，着力提高发展的协调性和平衡性。"习近平在《中共中央关于制定国民经济和社会发展第十三个五年规划的建议》的说明中如此阐述。

长江经济带横跨东中西三大区域，具有独特优势，生态地位重要，发展潜力巨大，其面积约占全国的21%，人口和经济总量均超过全国的40%。串起东西双向、水陆立体统筹的同时，在经济发展与生态涵养中获得平衡，培育出一批带动区域协同发展的增长极，形成沿流域的纵向横向经济轴带，是该地区破题发展的关键之匙。

上海、江苏、浙江、安徽、江西、湖北、湖南、重庆、四川、云南、贵州——习近平调研考察的脚步，已遍及长江经济带覆盖的所有省市。

从走进贵州遵义县枫香镇花茂村农业大棚考察，到与浙江舟山定海区干（石览）镇新建社区与村民促膝交谈，从沿山路赴安徽金寨县花石乡大湾村调研，到看望湖南湘西州花垣县排碧乡十八洞村村民……一份份夙兴夜寐的日程表，是他通过深入调查研究，到基层问计于民，了解群众所思、所想、所盼，谋划探寻出啃掉"硬骨头"路径的注脚。

2016年1月,习近平在重庆召开推动长江经济带发展座谈会。着眼于长远发展利益,他要求"当前和今后相当长一个时期,要把修复长江生态环境摆在压倒性位置,共抓大保护,不搞大开发";立足于夯实软硬基础条件,他强调"要把实施重大生态修复工程作为推动长江经济带发展项目的优先选项"。

担负着"把保护和修复长江生态环境摆在首要位置"的使命,同年9月发布的《长江经济带发展规划纲要》明确提出,空间布局上的"一轴、两翼、三极、多点",将推动经济由沿海溯江而上梯度发展,实现上中下游协调发展。

中国社科院农村发展研究所所长魏后凯表示,过去西部开发、东北振兴、中部崛起、东部率先战略相对独立,板块间缺乏连接的战略通道。而长江经济带从东到西覆盖11个省市,京津冀地区是连接"四大板块"的重要枢纽。推进实施上述两大战略,能打通板块之间的联系,促进要素流动、经济合作和科技文化交流,推动经济社会发展的融合与互动,进而降低成本、提高效率、促进创新。

党的十八大以来,以习近平同志为核心的党中央深入实施西部开发、东北振兴、中部崛起、东部率先的区域发展总体战略,辅以自由贸易试验区、临空经济区、国家生态文明试验区等重大功能平台实践探索,创新政策,完善机制,推开了一扇扇全新的协调发展之门,正以点带线、由线及面,促进我国各区域板块之间加速"合纵连横",勠力前行。

近年来,西部地区各主要指标增速在"四大板块"中保持领先,今年印发实施的《西部大开发"十三五"规划》为发展注入新动力;针对振兴东北老工业基地已到爬坡过坎的关键阶段,一系列政策支持力度加大,目前该地区经济处于筑底回升过程中;促进中部地区崛起的支持政策体系也进一步强化,中部地区成为全国经济平稳发展的重要支撑力量;东部地区则在推动产业进一步优化升级,完善全方位开放型经济体系,在调整转型中进一步焕发生机活力,继续发挥重要增长引擎和辐射带动作用。

"经济重心向西—北移动和发展差距有所缩小,是中国经济发展空间格局上出现的新变化，对于改变中国区域发展的不平衡状况无疑具有积极意义。中国经济增长区域格局演变，将继续呈现这一态势。"国务院发展研究中心副主任张军扩说。

协调是个从不平衡到平衡的动态过程。补齐短板，不仅能形成平衡结构，且会使发展之"桶"容量更大，从而实现更高水平的协调发展，迈向永无止境的发展新境界。

"要学会运用辩证法，善于'弹钢琴'，处理好局部和全局、当前和长远、重点和非重点的关系"。面对现实挑战，实现各领域协调发展就像弹钢琴，与创新、绿色、开放、共享"五指"连弹齐奏，全面建成小康社会的交响曲将愈加高亢、雄浑。

（新华网记者　何凡）

2017年9月19日

绿水青山就是金山银山。

这步棋，
习近平落子"绿水青山"

习近平在"7·26"重要讲话中指出,经过改革开放近40年的发展,人民群众的需要呈现多样化多层次多方面的特点。

天蓝水绿山青,是人民对"更优美的环境"的期盼,也是习近平心中的美丽中国。为了绘就这幅美丽画卷,他从未懈怠。

"绿色"布局引领"美丽中国"

2012年12月,习近平担任总书记后首赴地方考察时就谆谆告诫:"我们在生态环境方面欠账太多了,如果不从现在起就把这项工作紧紧抓起来,将来会付出更大的代价。"

5年来,对生态环境,总书记走到哪儿,强调到哪儿:

在海南,他指出,青山绿水、碧海蓝天是建设国际旅游岛的最大本钱,必须倍加珍爱、精心呵护。他希望当地着力在"增绿""护蓝"上下功夫,为子孙后代留下可持续发展的"绿色银行"。

在云南，他强调要让"苍山不墨千秋画，洱海无弦万古琴"的自然美景永驻人间，明确提出要"像保护眼睛一样保护生态环境，像对待生命一样对待生态环境"。

在重庆，他指示要保护好三峡库区和长江母亲河，"建设长江上游重要生态屏障"。

在青海，他关注三江源、"中华水塔"的保护，强调要"尊重自然、顺应自然、保护自然，筑牢国家生态安全屏障"。

……

一串串脚印，一声声叮嘱。习近平关注一城一地的环境问题，体现的是关注整体生态安全的大格局。

大格局需要大布局。顶层设计与战略部署，密集推出——

党的十八大把生态文明建设纳入中国特色社会主义事业"五位一体"总体布局，首次把"美丽中国"作为生态文明建设的宏伟目标。十八大审议通过《中国共产党章程（修正案）》，将"中国共产党领导人民建设社会主义生态文明"写入党章；

十八届三中全会提出加快建立系统完整的生态文明制度体系；

十八届四中全会要求用严格的法律制度保护生态环境；

十八届五中全会提出"五大发展理念"，将绿色发展作为"十三五"乃至更长时期经济社会发展的一个重要理念，成为党关于生态文明建设、社会主义现代化建设规律性认识的最新成果。

超越和扬弃了旧的发展方式和发展模式，生态文明、绿色发展日益成为人们的共识，引领全社会形成新的发展观、政绩观和新的生产生活方式。这一切，为实现"美丽中国"之路铺下了最坚固的基石。

正如习近平所指出的，党的十八大以来的5年，"我们坚定不移推进生态文明建设，推动美丽中国建设迈出重要步伐"。

"绿水青山就是金山银山"

"如果仍是粗放发展，即使实现了国内生产总值翻一番的目标,那污染又会是一种什么情况?届时资源环境恐怕完全承载不了。"2013年4月25日,习近平在中央政治局常委会会议上说,"经济上去了,老百姓的幸福感大打折扣,甚至强烈的不满情绪上来了,那是什么形势?"

环境保护与经济发展真的无法兼得?

其实,习近平早就给出了回答。2005年8月15日,时任浙江省委书记的习近平到安吉天荒坪镇余村考察时,首次提出了"绿水青山就是金山银山"。9天后,习近平在《绿水青山也是金山银山》一文中指出:"生态环境优势转化为生态农业、生态工业、生态旅游等生态经济的优势,那么绿水青山也就变成了金山银山。"

目光如炬,直指关键。

8年后,习近平出访哈萨克斯坦时再次重申:"绿水青山就是金山银山。"2016年5月,他在考察黑龙江时又指出:"冰天雪地也是金山银山。"

这是以史为鉴、立足现实、面向未来的科学论断。这一论断,是对生产力理论的重大发展,为正确处理生态环境与生产力之间的关系指明了道路。

5年来,习近平一再叮嘱,要"因地制宜选择好发展产业,让绿水青山充分发挥经济社会效益,切实做到经济效益、社会效益、生态效益同步提升,实现百姓富、生态美有机统一"。

"要按照绿水青山就是金山银山、冰天雪地也是金山银山的思路,摸索接续产业发展路子"。

"正确处理好生态环境保护和发展的关系,是实现可持续发展的内在要求,也是推进现代化建设的重大原则"。

……

习近平鼓励大家:"只要勤劳肯干,守着绿水青山一定能收获金山银山。"

事实也是如此。2014年,浙江舟山定海区新建社区旅游接待人数突破20万人次,经济总收入3500万元,村民人均收入22000元。2015年5月,习近平来到这里,村民介绍,他们利用自然优势发展乡村旅游等特色产业,收入普遍比过去明显增加、日子越过越好。习近平表示,这里是一个天然大氧吧,是"美丽经济",印证了绿水青山就是金山银山的道理。他强调:"这就是科学发展、可持续发展,我们就要奔着这个做。"

环境如水,发展似舟。水能载舟,亦能覆舟。脱离环境保护搞经济发展是"竭泽而渔",美好的环境与富裕的生活,完全可以共生共赢。

"算大账、算长远账、算整体账、算综合账"

绿色发展理念,是习近平萃取中国传统优秀文化,结合发展现实,又着眼未来的思想成果。

"万物各得其和以生,各得其养以成。"中华文明历来强调天人合一、尊重自然。

2013年11月,习近平在十八届三中全会上作关于《中共中央关于全面深化改革若干重大问题的决定》的说明时指出:"我们要认识到,山水林田湖是一个生命共同体,人的命脉在田,田的命脉在水,水的命脉在山,山的命脉在土,土的命脉在树。"习近平指出:"人与自然是一种共生关系,对自然的伤害最终会伤及人类自身。"因此,全方位、全地域、全过程开展生态环境保护,刻不容缓,不容松懈。

过去几十年,中国人民普遍富裕起来了。可是,清澈的河水、清洁的空气却成了奢侈品。从"求生存"到"求生态",从"盼温饱"到"盼环保",群众对干净水质、绿色食品、清新空气、优美环境等生态的需求更为迫切。

民有所呼,党有所应。以习近平同志为核心的党中央遵循发展规律,顺应人民期待,彰显执政担当,将建设生态文明、推进绿色发展视为关系人民福祉、关乎民族未来的长远大计,融入治国理政宏伟蓝图。

习近平指出:"良好生态环境是最公平的公共产品,是最普惠的民生福祉。"生态环境问题"决不能说起来重要、喊起来响亮、做起来挂空挡"。他要求"让良好生态环境成为人民生活质量的增长点"。

"小康全面不全面,生态环境质量是关键。"在国家发展的大棋局上,总书记的落子,展现了他深厚的民生情怀和强烈的责任担当。

"不谋万世者,不足谋一时;不谋全局者,不足谋一域。"习近平对"绿水青山"的执着,更因为他认识到,"生态兴则文明兴,生态衰则文明衰""生态环境保护是功在当代、利在千秋的事业"。他强调,"给子孙留下天蓝、地绿、水净的美好家园",是"对中国自身负责,也是对世界负责",更是对未来负责。

"在生态环境保护上一定要算大账、算长远账、算整体账、算综合账,不能因小失大、顾此失彼、寅吃卯粮、急功近利。"振聋发聩的话语,不可不深思、铭记!

编织法治保护网,让绿色生生不息

生态文明建设作为长远大计,必须有法治的保障。习近平强调:"要把生态文明建设纳入制度化、法治化轨道。"

十八大以来,党和国家推出一系列措施为"绿水青山"编织起法治"保护网"。

2015年4月,我国首次以中共中央、国务院名义印发《关于加快推进生态文明建设的意见》,明确生态文明建设的总体要求、目标愿景、重点任务、制度体系。同年9月,中共中央、国务院出台《生态文明体制改革总体

方案》，构建起生态文明体制的"八大制度"。

这一被誉为生态文明体制改革"四梁八柱"的关键文件，为加快推进我国生态文明建设夯实了体制基础。

有令必行，有禁必止。几年来，一场场环保问责风暴在各地掀起。

2015年底，中央环保督察巡视从河北省开始，不到两年已覆盖全国23个省份。2016年，中央环保督察对16个省份的6000余人问责。今年7月，中办、国办就甘肃祁连山国家级自然保护区生态环境问题发出通报，包括3名副省级干部在内的几十名领导干部被严肃问责。这一举动，明确宣示了中央在生态环境保护上决不姑息纵容的态度。

有规可循，有责必究。环境保护落到实处，绿色生生不息。

5年，从理念到政策再到落实监督，不懈努力成效初显：2016年全国338个地级及以上城市中，84个城市空气质量达标（好于国家二级标准），占24.9%；优良天数比例为78.8%，同比提高2.1个百分点；重污染天数比例为2.6%，同比下降0.6个百分点……

"让天更蓝、山更绿、水更清、生态环境更美好",总书记的嘱托正在成为现实。怀着对"绿水青山"的不懈追求,今日之中国越来越美,我们更将"为子孙后代留下美丽家园,让历史的春秋之笔为当代中国人留下正能量的记录"。

一幅美丽中国画卷,正在徐徐展开。

(新华网记者 赵银平 黎韵扬)

2017年9月20日

中国开放的大门永远不会关上。

这步棋，
习近平落子"命运共同体"

一花不是春,孤雁难成行。

"中方邀请有代表性的发展中国家出席这次对话会,目的就在于构建伙伴网络,建设各国发展共同体、命运共同体。"在不久前结束的金砖国家领导人第九次会晤期间,习近平主席在新兴市场国家与发展中国家对话会上再提"命运共同体"。

"命运共同体"是习近平外交的关键词、高频词。

十八大以来,习近平擘画"中国特色、中国风格、中国气派"的大国外交,提出了一系列外交创新理念,"命运共同体"是个中精髓。

愿:为世界打造"瑞士军刀"

"如果我们能为我们这个世界打造一把精巧的瑞士军刀就好了,人类遇到了什么问题,就用其中一个工具去解决它。"2017年1月18日,习近平在联合国日内瓦总部"共商共筑人类命运共同体"高级别会议上,用巧妙的比喻表明国际社会携手解决全球性复杂问题的愿望。

习近平之愿,是世界和平、发展、合作、共赢之愿。

自党的十八大提出"倡导人类命运共同体意识"以来，上合组织峰会、中阿合作论坛、博鳌亚洲论坛、二十国集团峰会、亚信第五次外长会议、庆祝中国共产党成立95周年大会……习近平一次次深入阐述这一充满东方智慧的中国主张。

2013年3月，刚刚当选中国国家主席的习近平在莫斯科国际关系学院的演讲中，明确阐发"命运共同体"理念："这个世界，各国相互联系、相互依存的程度空前加深，人类生活在同一个地球村里，生活在历史和现实交汇的同一个时空里，越来越成为你中有我、我中有你的命运共同体。"向世界传递对人类文明走向的中国思考。

2015年9月，在第70届联合国大会一般性辩论上，习近平言简意赅："当今世界，各国相互依存、休戚与共。我们要继承和弘扬联合国宪章的宗旨和原则，构建以合作共赢为核心的新型国际关系，打造人类命运共同体。"

2016年9月，在中国杭州举行的G20峰会上，习近平在致辞中再次倡导"树立人类命运共同体意识"。

2017年1月，在联合国日内瓦总部，习近平以"共同构建人类命运共同体"为题作专题演讲，亮出了中国的"瑞士军刀"："中国方案是：构建人类命运共同体，实现共赢共享。"……

不断发展的"开放"理念，始终如一的希望，宣示着中国追求和平发展、共同发展的愿望。

缘：中国梦与世界梦息息相通

当今世界充满不确定性，人们对未来既寄予期待又感到困惑。

人类社会的大发展大变革伴随层出不穷的挑战和日益增多的风险，世界经济增长乏力，金融危机阴云不散，发展鸿沟日益突出，兵戎相见时有发生，冷战思维和强权政治阴魂不散，恐怖主义、难民危机、重大传染性疾病、气候变化等非传统安全威胁持续蔓延……

2017年9月5日，在新兴市场国家与发展中国家对话会上，习近平指出，当今时代，各国是相互依存、彼此融合的利益共同体，开放包容、合作共赢是唯一正确的选择。

人类只有一个地球，各国共处一个世界。"世界好，中国才能好；中国好，世界才更好。"习近平用简练朴实的语言，生动地阐明了中国梦与世界梦紧紧相连。

2013年10月，习近平在周边外交工作座谈会上说："要对外介绍好我国的内外方针政策，讲好中国故事，传播好中国声音，把中国梦同周边各国人民过上美好生活的愿望、同地区发展前景对接起来，让命运共同体意识在周边国家落地生根。"

打造周边国家命运共同体，习近平强调要秉持亲、诚、惠、容的周边外交理念，坚持与邻为善、以邻为伴，坚持睦邻、安邻、富邻，以更加开放的胸襟和更加积极的态度促进地区合作。

由周边而及世界。

在庆祝中国共产党成立95周年大会上，习近平强调，中国始终是世界和平的建设者、全球发展的贡献者、国际秩序的维护者，愿扩大同各国的利益交汇点，推动构建以合作共赢为核心的新型国际关系，推动形成

人类命运共同体和利益共同体。

"命运共同体"理念,着眼寻求各方利益的"最大公约数",为中国梦连接世界梦建起坚实桥梁,两者相融相通、交相辉映。

正如习近平在第70届联合国大会一般性辩论时所说,"中国人民的梦想同各国人民的梦想息息相通"。

源:让历史连接未来

任何思想都非无源之水,无本之木。

建立公正合理的国际秩序是人类孜孜以求的目标。从360多年前《威斯特伐利亚和约》确立的平等和主权原则,到150多年前日内瓦公约确立的国际人道主义精神;从70多年前联合国宪章明确的四大宗旨和七项原则,到60多年前万隆会议倡导的和平共处五项原则,国际关系演变积累了一系列公认的原则。习近平指出,这些原则应该成为构建人类命运共同体的基本遵循。

命运共同体理念,弘扬"和平、发展、公平、正义、民主、自由"的全人类共同价值,是习近平对马克思恩格斯社会共同体思想的创造性运用与发展，是对中国共产党几代中央领导集体外交理论的继承与发展。

习近平在中共中央政治局第二十七次集体学习上强调，"要推动全球治理理念创新发展，积极发掘中华文化中积极的处世之道和治理理念同当今时代的共鸣点，继续丰富打造人类命运共同体等主张，弘扬共商共建共享的全球治理理念。"

命运共同体理念，展现大国担当、天下情怀，让世界各国共享中国经验，让中国发展成为世界机遇，是习近平对中国传统文化中"天下观"与"和文化"精华的汲取与升华。

中华传统文化中的"天下观"与"和文化"源远流长。"天下观"以天下一家为原则，以协和万邦、世界大同为目标，"和文化"以和而不同、和为贵为核心，两者有机融合构成中国人的处世之道。

"命运共同体"传承历史，开创未来，"让和平的薪火代代相传，让发展的动力源源不断，让文明的光芒熠熠生辉"。

圆:"朋友圈"共筑同心圆

"把上海合作组织打造成成员国命运共同体和利益共同体","携手建设更为紧密的中国—东盟命运共同体","要切实抓好周边外交工作,打造周边命运共同体","通过迈向亚洲命运共同体,推动建设人类命运共同体"……

"金砖国家同呼吸、共命运,既是息息相关的利益共同体,更是携手前行的行动共同体。"在金砖国家领导人第八次会晤大范围会议上,习近平用"利益共同体"和"行动共同体"阐明了打造金砖国家命运共同体的内涵。

习近平将"命运共同体"理念细化实化到组织、地区、周边和世界,中国的"朋友圈"越来越大。

2015年12月,习近平在第二届世界互联网大会上指出,"各国应该加强沟通、扩大共识、深化合作,共同构建网络空间命运共同体"。"命运共同体"理念从政治、经济、安全、社会、文化、生态等现实世界领域进一步延伸到了虚拟世界，涉及领域不断扩展。

在《携手构建合作共赢新伙伴 同心打造人类命运共同体》的重要讲话中，习近平为世界各国迈向人类命运共同体勾画出"五位一体"的路径图：建立平等相待、互商互谅的伙伴关系；营造公道正义、共建共享的安全格局；谋求开放创新、包容互惠的发展前景；促进和而不同、兼收并蓄的文明交流；构筑尊崇自然、绿色发展的生态体系。

这一路径与"创新、协调、绿色、开放、共享"的发展理念高度契合，是"习式外交"的生动实践。

共同构建开放型世界经济、共同落实2030年可持续发展议程、共同把握世界经济结构调整的历史机遇、共同建设广泛的发展伙伴关系，习近平在新兴市场国家与发展中国家对话会上强调的这"四个共同"，体现构建人类命运共同体的时代命题，让世界看到了中国促进国际发展合作的责任和担当。

"人类命运共同体"理念引起国际社会的广泛关注和高度认同。2017年2月10日，联合国社会发展委员会第五十五届会议协商一致通过"非洲发展新伙伴关系的社会层面"决议，呼吁国际社会本着合作共赢和构建人类命运共同体的精神，加强对非洲经济社会发展的支持。这是联合国决议首次写入"人类命运共同体"理念。

一个凝聚人类共识的"同心圆"正在形成。

中国梦与世界梦高度契合，互相依存。中国梦圆，世界梦才能圆。在习近平布下的发展大棋局中，"人类命运共同体"的"落子"，光照未来。

（新华网记者 黄玥 熊天慧）

2017年9月21日

中国梦归根到底是人民的梦。

这盘棋，
习近平运筹帷幄向未来

习近平总书记在"7·26"重要讲话中指出,十八大以来的5年,党中央"解决了许多长期想解决而没有解决的难题,办成了许多过去想办而没有办成的大事",从9个方面深刻阐述了党和国家事业发生的历史性变革。

不难看出,这9方面工作统筹兼顾、紧密联系,5年来,这些工作在习近平精心布下的大棋局中稳步推进。

理论创新,为全局定准方向

这5年,习近平的这盘新时期发展大棋布局严谨、势头强劲,党和国家事业发生了历史性变革,中国特色社会主义进入了新的发展阶段。

习近平强调,在新的时代条件下,我们要进行伟大斗争、建设伟大工程、推进伟大事业、实现伟大梦想,仍然需要保持和发扬马克思主义政党与时俱进的理论品格,勇于推进实践基础上的理论创新。

在新的历史起点上坚持和发展中国特色社会主义,理论创新至关重要。

指导思想是一个政党的精神旗帜。5年来,党和国家事业取得了辉煌成就，一个重要原因就是坚持以马克思主义这一科学理论作为自己的行动指南，并在实践中不断丰富和发展。

这5年，以习近平同志为核心的党中央运用历史唯物主义和辩证唯物主义的世界观方法论，以新思路寻找新出路、以新理念引领新发展，在中国换挡变速、风险叠加的历史关口，实现了历史性飞跃。

对于即将召开的党的十九大，习近平强调，能否提出具有全局性、战略性、前瞻性的行动纲领，事关党和国家事业继往开来，事关中国特色社会主义前途命运，事关最广大人民根本利益。他指出，我们党要明确宣示举什么旗、走什么路、以什么样的精神状态、担负什么样的历史使命、实现什么样的奋斗目标。

时代是思想之母，实践是理论之源。实践发展永无止境，认识真理、进行理论创新也永无止境。今天，时代变化和我国发展的广度、深度远远超出了马克思主义经典作家当时的设想。同时，我国社会主义建设只有几十年实践、还处在初级阶段，事业越发展新情况新问题就越多，也就越需要我们在实践上大胆探索、在理论上不断突破。

在新时期发展的大棋局上继续落子,习近平首先强调理论创新,就是为全局定准了方向。

正如他在"7·26"重要讲话中所强调的:"我们要在迅速变化的时代中赢得主动,要在新的伟大斗争中赢得胜利,就要在坚持马克思主义基本原理的基础上,以更宽广的视野、更长远的眼光来思考和把握国家未来发展面临的一系列重大战略问题,在理论上不断拓展新视野、作出新概括。"

围绕"天元",部署三大攻坚战

"人民对美好生活的向往,就是我们的奋斗目标。"当选中共中央总书记当天,习近平作出的这一郑重承诺,成为他5年来治国理政不懈的信念与追求。顺应人民群众的愿望,是他这盘大棋布局的总依据。

对于全面建成小康社会这个"天元星",习近平强调必须"得到人民认可、经得起历史检验"。继续落子,习近平要求突出抓重点、补短板、强弱项,特别是要坚决打好防范化解重大风险、精准脱贫、污染防治的攻坚战,坚定不移深化供给侧结构性改革,推动经济社会持续健康发展。

5年来,人民生活显著改善,对美好生活的向往更加强烈。三大攻坚战,着眼之处无不是全局的重点、短板和弱项,每一项都与人民生活息息相关,是决胜全面小康的重要举措。

要打赢三大攻坚战,必须找准"主攻点"、牵住"牛鼻子"。回顾习近平历次重要讲话,落子之处已经十分明确。

生态环境问题,是人民群众反映强烈的突出问题。5月26日,习近平主持中共中央政治局第41次集体学习,强调必须把生态文明建设摆在全局工作的突出地位,并对环境污染综合治理进行强力部署,提出要以解决大气、水、土壤污染等突出问题为重点,全面加强环境污染防治。

解决深度贫困问题是脱贫攻坚硬仗中的硬仗。6月份在山西考察期间,习近平专程前往吕梁山集中连片特困地区调研深度贫困情况,并主持召开深度贫困地区脱贫攻坚座谈会，集中研究破解深度贫困之策。他提出8项要求，就是要从8个方面精准发力，攻克坚中之坚，确保深度贫困地区和贫困群众同全国人民一道进入全面小康社会。

金融是国之重器，是国民经济的血脉。7月14日，在全国金融工作会议上，习近平提出，要把主动防范化解系统性金融风险放在更加重要的位置，科学防范，早识别、早预警、早发现、早处置，着力防范化解重点领域风险，着力完善金融安全防线和风险应急处置机制。

与此同时，习近平突出强调坚定不移深化供给侧结构性改革，努力实现结构优化，实现由低水平供需平衡向高水平供需平衡跃升，使发展更有质量，最终目的还是让人民有更多获得感。

纵深发展，全面从严治党永远在路上

中国特色社会主义最本质的特征是中国共产党的领导，中国特色社会主义制度的最大优势是中国共产党的领导。党的建设关系重大、牵动全局。

习近平强调，党要团结带领人民进行伟大斗争、推进伟大事业、实现伟大梦想，必须毫不动摇坚持和完善党的领导，毫不动摇推进党的建设新的伟大工程，把党建设得更加坚强有力。

5年来，以习近平同志为核心的党中央坚定不移推进全面从严治党，着力解决人民群众反映最强烈、对党的执政基础威胁最大的突出问题，形成了反腐败斗争压倒性态势，党内政治生活气象更新，全党理想信念更加坚定、党性更加坚强，党自我净化、自我完善、自我革新、自我提高能力显著提高，党的执政基础和群众基础更加巩固，为党和国家各项事业发展提供了坚强政治保证。

习近平在"7·26"重要讲话中指出，实践使我们越来越深刻地认识到，管党治党不仅关系党的前途命运，而且关系国家和民族的前途命运，必须以更大的决心、更大的勇气、更大的气力抓紧抓好。

全面从严治党依然任重道远，习近平告诫全党，决不能沾沾自喜、盲目乐观。他强调，全党要坚持问题导向，保持战略定力，推动全面从严治党向纵深发展，把全面从严治党的思路举措搞得更加科学、更加严密、更加有效。

党和人民的事业发展到什么阶段,党的建设就要推进到什么阶段,这是加强党的建设必须把握的基本规律。全面从严治党永远在路上。

十八大以来这5年,习近平牢牢把握我国发展的阶段性特征,牢牢把握人民群众对美好生活的向往,在大局上谋划,从关键处落子,提出新的思路、新的战略、新的举措,统筹推进"五位一体"总体布局、协调推进"四个全面"战略布局,布下了一盘民族复兴的大棋局。

(新华网记者 王子晖)

2017年9月22日

---

* 篇一水墨插画作者为樊珊珊。

篇二

学进行时

十八大以来，
习近平这样抓"关键少数"

学习进行时

抓工作，习近平始终强调"从人抓起""关键在人"，抓住领导干部这个"关键少数"，就等于抓住了"牛鼻子"。2017年2月13日，习近平在省部级主要领导干部学习贯彻十八届六中全会精神专题研讨班开班式上发表重要讲话，对"关键少数"提出要求。

抓"牛鼻子"是习近平总书记治国理政的重要方法论。习近平认为,各项工作要抓出成效,就必须抓住领导干部这个"关键少数"。

党的十八大以来,习近平抓"关键少数",不断抓常抓严、抓实抓细;习近平抓"关键少数",不仅"言传",更重"身教"。

习近平眼中的"关键少数"

2015年2月,习近平在省部级主要领导干部学习贯彻十八届四中全会精神专题研讨班上特别提出了"关键少数"这一概念。他强调,各级领导干部在推进依法治国方面肩负着重要责任,全面依法治国必须抓住领导干部这个"关键少数"。

其实,抓住"关键少数"早已是习近平管理干部和推进工作中一以贯之的做法。担任总书记后不久,习近平就推动出台了八项规定,其核心要求就是"以上率下"。

四年多来,习近平一直十分重视"关键少数",部署各项工作，他总是要将"关键少数"突出讲。

——脱贫攻坚，他强调"党政一把手要当好扶贫开发工作第一责任人"；

——深化改革，他强调"党政主要负责同志要亲力亲为，扑下身子抓落实"；

——从严治党，他更加强调"关键是要抓住领导干部这个'关键少数'，从严管好各级领导干部"。

在习近平看来，领导干部既负有领导责任，也负有示范责任。上面偏出一尺，下面就要跑出一丈。领导干部只有带好头、做榜样，才能成为无声的命令，产生强大的感召力。

习近平抓"关键少数"，目的就是要立起信号塔和标杆尺，让"关键少数"发挥关键作用。

"关键少数"抓什么

——管住权力抓制度

习近平抓"关键少数"，首先是抓管住权力。

2012年12月4日，习近平主持中央政治局会议，通过了八项规定,要求领导干部带头改进工作作风。

四年多来,有50余部党内法规相继制定修订,针对"关键少数"作出了许多"硬约束"。

2016年10月27日,党的十八届六中全会审议通过了《关于新形势下党内政治生活的若干准则》和《中国共产党党内监督条例》。准则中提及"高级干部"的有20多处,条例中专门就党的中央组织的监督单设一章,突出强调。这两个文件起草组的组长正是习近平。

——层层递进抓信念

习近平抓"关键少数",抓信念是重要一环。

党的十八大以来,中央先后部署了多次专题性党内教育,让党员干部不断"回炉锤炼",实现"自我净化、自我完善、自我革新、自我提高"。

2013年,中央部署开展了党的群众路线教育实践活动,以县处级以上领导机关、领导班子、领导干部为重点,剑指脱离群众的种种问题。

2015年,又安排在县处级以上领导干部中开展"三严三实"专题教育,提出"既严以修身、严以用权、严以律己;又谋事要实、创业要实、做人要实"的重要思想。

2016年,"两学一做"学习教育启动。习近平作出重要指示,要求县处级以上党员领导干部作出表率,"学得更多一些、更深一些,要求更严一些、更高一些"。

三次党内教育,为领导干部在思想、信念上进行了集中"补钙"和"加油"。三次教育环环相扣、层层递进,就是要"把合格的标尺立起来,把做人做事的底线划出来,把党员的先锋形象树起来,用行动体现信仰信念的力量"。

——持之以恒抓学习

习近平抓"关键少数",非常注重抓学习。他强调,"好学才能上进",要求"大兴学习之风"。

四年多来,中央每有重大举措,习近平总要先组织"关键少数"专门进行学习、研讨,他先后主持了38次中央政治局集体学习,几乎每个月都要就当下最紧迫的任务和最需要把握的问题听取讲解、进行讨论。

党的十八届三中、四中、五中、六中全会相继就全面深化改革、全面依法治国、全面建成小康社会、全面从严治党进行了专题研究。每次全会后,习近平都要在省部级主要领导干部学习贯彻全会精神专题研讨班上发表重要讲话,对全会精神和相关的重大课题进行深刻阐释。

——超常规动员抓责任

习近平对领导干部说,"为官避事平生耻",干部就要有担当。习近平抓"关键少数",最终落在抓责任。

近年来,"政治责任"一词在习近平的讲话和部署中反复出现,分量如此之重,体现出的就是习近平对"关键少数"的超常规动员。

2016年中央经济工作会议上,习近平发表了重要讲话。这次会议鲜明指出,各级领导干部特别是高级干部要把落实党中央经济决策部署作为政治责任,党中央制定的方针政策必须执行,党中央确定的改革方案必须落实。

今年2月13日,习近平又对省部级一把手强调,各级党委和领导干部要扛负起政治责任和领导责任,领导干部特别是一把手要亲自抓、亲自管,确保贯彻落实不走偏、不走样。

超常规动员之下必然是超常规举措。中央扶贫开发工作会议上,中西部22个省区市党政主要负责同志向中央签署了脱贫攻坚责任书。近期,又有一些高级干部因严重失职失责被立案审查,受到"断崖式"的降级处分。这些举措背后就是习近平对"关键少数"最严厉的督促。

"关键少数"怎么抓

——抓住中央政治局,为全党作表率

习近平常说,"己不正,焉能正人",他将中央委员会、中央政治局、中央政治局常委会的组成人员视为关键。他说,把这部分人抓好了,能够在全党作出表率,很多事情就好办了。

纵观习近平抓"关键少数"的重要部署,无论是抓

制度、抓信念，还是抓学习、抓责任，他都要求中央政治局首先做好。

2015年和2016年底，习近平两次主持召开中央政治局民主生活会，中央政治局带头进行自我检查、党性分析，开展批评和自我批评。会前均通过征求意见、谈心谈话、查摆问题等方式进行了充分准备；会中，中央政治局同志逐个发言，按照要求进行对照检查。

习近平也在会上对中央政治局同志提出了一系列要求，强调"在对党忠诚问题上，中央政治局的同志必须纯粹"，"中南海要始终直通人民群众"，"继续在坚持民主集中制方面成为全党典范"，"做勇于自我革命的战士"……

不难看出，对待中央政治局，习近平标准更高、要求更严。要带动一地，"一把手"要带头，而要带动全党，必须由中央带头。

——重锤常擂，落实主体责任

2016年，中央深改组召开了12次会议，习近平强调党政负责人要落实主体责任的就占一大半。2017年开年不到两个月,习近平又向"关键少数"多次"喊话"。

1月6日,新年伊始,习近平就在十八届中央纪委七次全会上突出强调,党的高级干部要做严肃党内政治生活的表率,经常同党中央对表,校准自己的思想和行动。随后他又在1月22日,带领中央政治局同志进行了第三十八次集体学习,就今年极端重要的供给侧结构性改革听取讲解、进行讨论。2月6日,中央深改组召开第三十二次会议,习近平在会上严肃指出,党政主要负责同志要亲力亲为抓改革,扑下身子抓落实。2月13日,中央党校省部级主要领导干部专题研讨班如期"开课",习近平又来到研讨班向省部级一把手发表重要讲话。

习近平深知,抓"关键少数"贵在经常,久久为功才能保持长效。要防止问题反弹,就必须重锤常擂,让领导干部的思想之弦时刻紧绷。

——问题导向,不断抓实抓细

习近平讲治党管党,通常都是结合案例讲,带着问题讲,指向性非常明确。他多次用重大典型案例警示领导干部，要引以为戒、举一反三。在中纪委六次全会上，他强调家风问题，告诫领导干部不要"护犊子"。与县委书记座谈，他特别提醒"各种诱惑、算计都冲着你来，各种讨好、捧杀都对着你去"。对省部级一把手，习近平又重点提了防范被利益集团"围猎"。

针对领导干部加强自律的问题，他特别指出，"关键是在私底下、无人时、细微处能否做到慎独慎微"，并提出4个"定力"、3个"不"等一系列要求。

"言传"与"身教"并重

在党的群众路线教育实践活动中，政治局常委在第一批活动中要分别联系一个省，第二批活动分别联系一个县。习近平当时联系的分别是河北省和兰考县。

在河北，习近平参加并指导了省委常委班子专题民主生活会。4个半天的会议，他一边听一边记，不时插话询问，进行点评指导。在兰考，他还深情朗诵了自己当福州市委书记时追思焦裕禄所填的《念奴娇·追思焦裕禄》，将"为官一任，造福一方"的政绩观传递给领导干部。

中央八项规定刚刚出台,习近平就坚定地说,"中央政治局同志从我本人做起"。

2012年岁末,习近平到河北阜平"看真贫",在考察准备阶段,他就对中办负责同志明确指示,不许封路,减少陪同,山路上如果有冰雪,简单处理一下就可以了,一定不能惊动百姓去做这件事,如果遇到无法行车的路段,就下车步行。

党的十八大以来,无论是赴地方考察调研,还是出国访问,习近平都亲自审定方案,要求严格执行中央八项规定。

出行上,他轻车简从不封路。履新后首次离京赴广东考察,整个过程没有实施任何封路限行措施,公交车、出租车、私家车与车队同向并行……

住宿上,他尽量简化安排。在河北阜平,他住的是只有16平方米的标间。到四川芦山地震灾区住的是临时板房……

用餐上,他最钟爱的还是"家常菜"。到河北调研时吃大盆菜,在古田吃的是红米饭、南瓜汤,回梁

家河,他又和乡亲们一起吃荞麦饸饹、油馍馍、麻汤饭……

在考察调研中,习近平去得最多的还是基层。到湖北考察,习近平一下飞机就冒雨来到武汉新港阳逻集装箱港区。雨下得很大,积水没过了脚面。他卷起裤腿,打着雨伞,向工作人员了解物流等情况。到青海考察,飞机飞行3个多小时,他抵达平均海拔2800米的格尔木,随后就驱车60公里来到盐湖码头,考察循环经济发展。

农历鸡年春节前夕,习近平又冒着四九严寒,来到河北张家口市张北县德胜村,同村民算收入支出账,对照扶贫手册询问扶贫措施落实得怎么样。

……

习近平的"身教"为全党树立了标杆,也是对"打铁还需自身硬"最深刻的诠释。

(新华网记者 王子晖)

2017年2月20日

十八大以来，
习近平每年首次考察调研背后有盘棋

学习进行时

十八大以来，习近平总书记每年第一次考察调研都去了哪些地方？中国这么大，为何选中了这些地方？盘点习总书记每年首次考察调研的地方，我们可以一窥他面对"全国一盘棋"的全局考量和发展思路。

全面建成小康社会，是一盘发展的大"棋"，如何落子，如何布局，处处考验着"棋手"的决心和智慧。盘点十八大以来习近平总书记每年的第一次考察调研都去了哪些地方，见了谁，说了什么，我们可以一窥他面对"全国一盘棋"的全局考量和发展思路。

牵挂什么人？

从2013年到2017年，有这样一些画面在我们的记忆中定格：

2013年2月初，绕过九曲十八弯，习近平先后来到海拔2400多米的甘肃省定西市渭源县元古堆村和海拔1900多米的临夏回族自治州东乡族自治县布楞沟村。他拉着乡亲们的手询问粮食够不够吃，低保有没有保证，看病有没有保障，孩子有没有学上，年货有没有备好。

2014年1月26日，内蒙古兴安盟阿尔山市，困难林业职工郭永财家。习近平察地窖，摸火墙，看年货。他坐在炕头上，细细了解郭永财家的生活。

2015年1月19日，全市11个区县中有10个属于乌蒙山集中连片特困地区的云南昭通市,习近平在地震灾区板房学校听取当地扶贫开发工作汇报。

2016年1月4日至6日,山城重庆。习近平点明重庆"集大城市、大农村、大山区、大库区于一体"的特殊性,明确指示扶贫要"真正扶到点上、扶到根上",脱贫要"既防止不思进取、等靠要,又防止揠苗助长、图虚名"。

2017年1月24日,习近平先后走进张家口张北县困难群众徐万、徐学海、徐海成家看望。他问徐万电视机啥时买的、能看多少频道,他嘱咐徐学海好好养病并关注因病致贫问题,他跟徐海成一起掰着指头算收支……

连续五年,每年的第一次考察调研,总书记都深切关注贫困乡亲的生活,念叨群众的脱贫致富策,不忘百姓的共同富裕梦。

"只要还有一家一户乃至一个人没有解决基本生活问题,我们就不能安之若素;只要群众对幸福生活的憧憬还没有变成现实,我们就要毫不懈怠团结带领群众一起奋斗。"

"扶贫开发成败系于精准,要找准'穷根'、明

确靶向,量身定做、对症下药,真正扶到点上、扶到根上。"

"消除贫困、改善民生、实现共同富裕,是社会主义本质要求,是我们党矢志不渝的奋斗目标。"

……

走村串户问疾苦,声声句句蕴深情。

"我最牵挂的还是困难群众。"诚哉斯言!

开的什么方?

中医讲究望闻问切,强调的是对症下药。

事不同,理相通。

甘肃、内蒙古、云南、重庆、河北,五个地方,五种风貌。习近平因地制宜,因"病"开方,分别对当地的发展思路作出指导。

在甘肃,他关注缺水干旱这一制约甘肃经济社会发展的主要难题,专程来到渭源县引洮供水工程工地,实地考察工程建设情况,并强调要"把这项惠及甘肃几百万人民群众的圆梦工程、民生工程切实搞好"。

在内蒙古,他关注林区改革发展和棚户区改造,强调内蒙古要"发挥自身优势、转变经济发展方式、提高经济发展质量和水平",要"加快传统畜牧业向现代畜牧业转变步伐,探索一些好办法,帮助农牧民更多分享产业利润效益"。

在云南,他考察后提出,希望云南闯出一条跨越式发展的路子来,努力成为民族团结进步示范区、生态文明建设排头兵、面向南亚东南亚辐射中心,谱写好中国梦的云南篇章。

重庆有其得天独厚的条件,"一带一路"建设为其提供了"走出去"的更大平台,推动长江经济带发展为其提供了更好融入中部和东部的重要载体。对此,习近平了然于胸,殷殷期望重庆发挥西部大开发重要战略支点作用,积极融入"一带一路"建设和长江经济带发展。

对河北,习近平抓住去产能特别是去钢铁产能这一调整优化产业结构、培育经济增长新动能的关键之策。在强调落后产能应去尽去、"僵尸企业"应退尽退的同时,指出要培育新产业新产品,加快发展装备制造业、战略性新兴产业、现代服务业，推动产业结构实现战略性转变。

习近平向来注重绿色生态发展。在内蒙古，他指出实现绿色发展关键要有平台、技术、手段，要探索一条符合自然规律、符合国情地情的绿化之路；在云南，他强调生态环境保护要久久为功，一定要让"苍山不墨千秋画，洱海无弦万古琴"的自然美景永驻人间；对重庆，他指示要"建设长江上游重要生态屏障，推动城乡自然资本加快增值"。

把脉开方，良药去疾。千门万户富裕日，且把新酒开怀饮。这样的日子，可期！

下的什么棋？

甘肃、内蒙古、云南、重庆、河北；定西、临夏、兴安盟、昭通、张北……中国那么大，习近平为何将每年的第一次考察定在了这些省区市？调研中，又为何独独选了这些地方？

我们不妨复习一下区域协调发展中西部大开发的内

容,以及国家划分的14个集中连片特困地区。

两相对照,甘肃、内蒙古、云南、重庆全属西部大开发地区。而习近平在五省区市具体考察调研的地点中,都包含了集中连片特困地区。

西部大开发、扶贫脱贫,总书记又为何着力强调这两点呢?

2020年我国将全面建成小康社会,农村贫困人口全部脱贫,胜利实现第一个百年奋斗目标,中华民族将首次告别绝对贫困。这是十八大提出的第一个百年目标。

"消除贫困、改善民生、逐步实现共同富裕,是社会主义的本质要求,是我们党的重要使命。全面建成小康社会,是我们对全国人民的庄严承诺。"这是习近平的铿锵话语。

全面建成小康社会目标,意味着覆盖的人群和区域都是全面的,是不让一个民族、一个人掉队的小康,是全国各个地区都要迈入小康社会。

在这个过程中,如若不能补齐区域发展不平衡和脱贫开发这两块短板,我们何谈"十三五"决胜阶段的胜利?又何谈全面建成小康社会?

2016年1月18日，在省部级主要领导干部学习贯彻党的十八届五中全会精神专题研讨班上，习近平曾说："下好'十三五'时期发展的全国一盘棋，协调发展是制胜要诀"，"协调既是发展手段又是发展目标，同时还是评价发展的标准和尺度"，"协调发展，就要找出短板，在补齐短板上多用力，通过补齐短板挖掘发展潜力、增强发展后劲"。

脚步下有思量。总书记下的是一盘协调发展、共享发展成果的棋，是着眼全面小康的棋。

总书记下的是全国一盘棋，观的是发展整盘局，追的是灿烂中国梦。

而这盘棋的总遵循，便是"人民对美好生活的向往，就是我们的奋斗目标"。

（新华网记者　赵银平）

2017年2月27日

十八大以来，
习近平这样谈"家风"

学习进行时

家风，影响着一个人的品质和行为。对居于领导岗位、握有权力的官员来说，败坏的家风，更往往成为牵引其自身及亲属走向牢狱的绳索。十八大以来，习近平多次谈到家风，指出不论时代发生多大变化，不论生活格局发生多大变化，我们都要重视家庭建设，注重家庭、注重家教、注重家风。

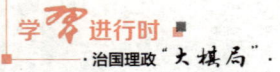

每到春节，有副传统对联是很多人家的选择："忠厚传家久，诗书济世长"。

风吹日晒，字迹或会模糊，但好家风却会如化雨春风，护着家、护着国。

"小家"紧系"大家"

家是最小国，国是千万家。家风的"家"，是家庭的"家"，也是国家的"家"。

十八大以来，习近平多次强调家风，说的是"小家"，着眼的是"大家"。

2014年3月，习近平重访兰考时会见了焦裕禄的5个子女。二女儿焦守云对总书记说，"我们一定继承好父亲的精神，把家教家风一代代地保持传承下去"。总书记听后，一边点头一边说："好家风，好家风"。

2016年1月12日，习近平在十八届中央纪委六次全会上强调："每一位领导干部都要把家风建设摆在重要位置，廉洁修身、廉洁齐家，在管好自己的同时，严格要求配偶、子女和身边工作人员。"

十八届六中全会审议通过的《关于新形势下党内政治生活的若干准则》《中国共产党党内监督条例》，均对领导干部的家风问题提出了要求，将家风建设提到制度高度。

2016年12月12日，习近平在会见第一届全国文明家庭代表时，盛赞代表们的事迹"温暖了人心，诠释了文明，传播了正能量，为全社会树立了榜样"，充满感情地"点赞"他们"都是好样的"！

2017年3月5日，习近平参加上海代表团审议时，询问上海奉贤区"奉贤"之含义，肯定家风、村风与民风建设。

习近平对好家风的重视，始终如一。

家风坏是腐败之因

习近平为何如此重视家风？

家庭是社会的细胞。"家风好，就能家道兴盛、和顺美满；家风差，难免殃及子孙、贻害社会。"

家风，影响着一个人的品质和行为。对居于领导岗位、握有权力的官员来说，败坏的家风，更往往成为牵引其自身及亲属走向牢狱的绳索。

在中纪委六次全会上，习近平毫不留情地指出，不少领导干部"纵容家属在幕后收钱敛财，子女等也利用父母影响经商谋利、大发不义之财"。

纵观已查处的大案要案，很多腐败分子的违纪违法行为中，往往有"家族腐败"因素。父子兵、夫妻档、兄弟帮屡见不鲜，甚至"全家总动员"，把公权力变成"私人订制"，最终一起走上不归路。

刘铁男职位越高，儿子刘德成贪得越多。在23岁到25岁的时候，他已经成为千万元户。

苏荣一人当官全家捞钱，包括其妻子、儿子等在内的十余个亲属涉案。

中央纪委对周本顺的通报指出，周为其子经营活动谋取利益，家风败坏、对配偶子女放任纵容。

……

根据中央纪委监察部网站公布的数据，从2015年2月13日至12月31日，中央纪委共发布34份部级及以上领导干部纪律处分通报，其中有21人违纪涉及亲属、家属，比例高达62%。

家风坏，腐败现。"家风败坏往往是领导干部走向严重违纪违法的重要原因。"习近平的这句话，直指要害。

"党员领导干部务必珍惜权力、管好权力、慎用权力。正确行使权力，掌权为公、用权为民则群众喜、个人荣、事业兴；错误行使权力，甚至滥用权力，掌权为己、用权于私，则群众怨、声名败、事业损。"可惜可叹的是，很多领导干部为这段话，做了反面的注脚。

国风之本在家风

"天下之本在国，国之本在家，家之本在身。"

对领导干部来说，家风关系的不仅是一身之进退、一家之荣辱，更关系到党风、政风、国风。"一心可以丧邦，一心可以兴邦，只在公私之间尔。"

什么样的干部可以"兴邦"？其中的典型就是让习近平"思君夜夜"的焦裕禄。

习近平曾对焦裕禄之子焦国庆说："你看了一场'白

戏',你父亲还专门召开了家庭会议,起草了《干部十不准》,规定任何干部在任何时候都不能搞特殊化。'看白戏'的故事始终深深地印在我的脑海里。"

小处都不随便,何况大节?

习近平号召全体党员"要重点学习弘扬焦裕禄的公仆情怀、求实作风、奋斗精神和道德情操"。焦裕禄"艰苦朴素、廉洁奉公、'任何时候都不搞特殊化'"的道德情操,是习近平要求党员干部学习的重要内容。

2016年1月的中纪委六次全会上,习近平语重心长地叮嘱,家里那点事"要留留神,防微杜渐,不要护犊子"。否则,"触犯了党纪国法都要处理,而且要从严处理"。

没有规矩,不成方圆。以习近平同志为核心的党中央为家风建设定下了"明规矩":

2015年2月27日,习近平主持召开中央全面深化改革领导小组第十次会议,审议通过《上海市开展进一步规范领导干部配偶、子女及其配偶经商办企业管理工作的意见》,要求对领导干部的家庭建设情况定期检查。

2016年起开始实施的《中国共产党廉洁自律准则》

第八条明确要求，党员领导干部要"廉洁齐家，自觉带头树立良好家风"。

十八届六中全会审议通过的《关于新形势下党内政治生活的若干准则》中要求："领导干部特别是高级干部必须注重家庭、家教、家风，教育管理好亲属和身边工作人员。""禁止利用职权或影响力为家属亲友谋求特殊照顾，禁止领导干部家属亲友插手领导干部职权范围内的工作、插手人事安排"。

《中国共产党党内监督条例》第十四条规定：中央政治局委员要"带头树立良好家风，加强对亲属和身边工作人员的教育和约束，严格要求配偶、子女及其配偶不得违规经商办企业，不得违规任职、兼职取酬"。

习近平说，"家庭是社会的基本细胞，是人生的第一所学校。不论时代发生多大变化，不论生活格局发生多大变化，我们都要重视家庭建设，注重家庭、注重家教、注重家风"。

习近平如此重视家风问题，是因为家庭是"国家发展、民族进步、社会和谐的重要基点"，"千家万户都好，国家才能好，民族才能好"。

习氏家风：国事大过天

习氏家风，是家、国关系的最好注脚。

习近平在好家风熏陶下长大。

在普通人的认知中，作为高级干部子弟的习近平，能享受比较好的生活待遇，是理所应当的。

事实却恰恰相反。

你能想象吗？小时候的习近平常和弟弟一起穿姐姐们剩下的衣服，甚至花布鞋！

在父亲习仲勋眼里，家里的大事、小事都要为一件事让路。

《习仲勋传》有这样的记述。一次，习近平的母亲齐心对孩子们说："家中的小事不能影响工作。"习仲勋听到后却严厉地说："大事也不能影响工作！"

国事大过天！

以身教者从。正因父亲的言传身教，习近平将工作看得重如泰山。即使是父亲88岁大寿，中国人很重视的"米寿"，时任福建省省长的习近平也因工作未能回家为父亲祝寿。

习近平给父亲写了一封信。信中，习近平提到希望从父亲这里继承和吸取的高尚品质：一是学父亲做人，二是学父亲做事，三是学父亲对信仰的执着追求，四是学父亲的赤子情怀，五是学父亲的俭朴生活。

习近平在信中说："这是一个堪称楷模的老布尔什维克和共产党人的家风。这样的好家风应世代相传。"

君子一言。

他担任领导干部后，每到一处工作，都会告诫亲朋好友："不能在我工作的地方从事任何商业活动，不能打我的旗号办任何事，否则别怪我六亲不认。"无论是在福建、浙江还是在上海工作，他都在干部大会上公开郑重表态，不允许任何人打他的旗号谋私利，并欢迎大家监督。

习近平为女儿取名明泽。"清清白白做人，做个对社会有用的人"，是他们对女儿的期许，也是他们质朴家风的写照。

（新华网记者　赵银平）

2017年3月29日

学进行时

十八大以来，
习近平这样谋划京津冀协同发展

学习进行时

十八大以来，习近平总书记以新发展理念为指引，系统布局我国区域发展"三大战略"，京津冀协同发展就是其中之一。他多次深入京津冀考察调研，多次主持召开座谈会研究部署，京津冀协同发展的战略布局越来越清晰。

人间四月天，党中央国务院决定在河北设立雄安新区的消息如同春雷乍响，引发网络刷屏，举世热议。

一个堪与深圳经济特区和上海浦东新区媲美的全球金融和科技中心，将如春芽破土而出。

成如容易却艰辛。这件"国家大事""千年大计"，经过多年酝酿论证和京津冀协同发展的三年实践，一步一步地脱颖而出。

从"双城记"到"京津冀协同发展"

京津冀，涵盖北京、天津两大直辖市和河北省11个地级市，人口超过1亿，GDP占全国的十分之一以上。三地本可以依靠政治、经济、文化等一系列资源共享，实现一加二大于三的效果，然而现实并非如此。

一则网上流传的"段子"比喻这种窘境：京津冀的汉语拼音分别是jing、jin、ji，字母依次递减，"体型"越来越"瘦"。首都超大城市的虹吸效应"吸"走了周遭的发展能量，区域发展差距悬殊。而北京，则又因功能臃肿患上了严重的"大城市病"。

太"瘦"不健康，太"胖"也不健康。京津冀必须协同发展。

2013年5月，习近平在天津调研时提出，要谱写新时期社会主义现代化的京津"双城记"；同年8月，习近平在北戴河主持研究河北发展问题时，提出要推进京津冀协同发展。

"协同"，成为此后京津冀区域经济发展的核心主题。"协同"一词，涵盖了有序合作、整体加强、共同获益的区域发展理念。

"京津冀协同发展意义重大，对这个问题的认识要上升到国家战略层面。"2014年2月26日，习近平在北京主持召开座谈会，在讲话中特别强调京津冀优势互补与协同发展，并首次将之上升为国家战略。

"大家一定要增强推进京津冀协同发展的自觉性、主动性、创造性"；"自觉打破自家'一亩三分地'的思维定式，抱成团朝着顶层设计的目标一起做"；"要坚持优势互补、互利共赢、扎实推进，加快走出一条科学持续的协同发展路子来"……

习近平多次做具体指导。他有信心，京津冀地缘相

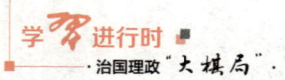

接、人缘相亲、地域一体、文化一脉，历史渊源深厚、交往半径相宜，完全能够相互融合、协同发展。

先谋后动规划引领

在协同发展蓝图指引下，十八大以来，习近平多次深入京津冀考察调研，多次主持召开座谈会研究部署，京津冀协同发展的战略布局越来越清晰。

先谋后动，规划引领的理念一直贯穿于习近平关于城市建设的思路中。

2014年，习近平考察北京时指出，城市规划在城市发展中起着重要引领作用，考察一个城市首先看规划，规划科学是最大的效益，规划失误是最大的浪费，规划折腾是最大的忌讳。

3年后，习近平再次在北京考察时强调，北京城市规划建设和北京冬奥会筹办工作是当前和今后一个时期北京市的两项重要任务。

他指出，北京城市规划要深入思考"建设一个什么样的首都，怎样建设首都"这个问题，把握好战略定位、空间格局、要素配置,坚持城乡统筹,落实"多规合一",形成一本规划、一张蓝图,着力提升首都核心功能,做到服务保障能力同城市战略定位相适应,人口资源环境同城市战略定位相协调,城市布局同城市战略定位相一致,不断朝着建设国际一流的和谐宜居之都的目标前进。

"城市规划建设做得好不好,最终要用人民群众满意度来衡量"。前后两次考察北京,习近平都不断重申"人民城市为人民""务必坚持以人为本"的发展理念。

破除体制机制障碍是关键

京津冀区域联动问题,这么多年过去了还在不停地打磨。三地长期存在的体制机制问题,让协同发展难度大,不可能一蹴而就。

习近平对此开出了良方:以全面深化改革为抓手,努力破除制约协同发展的各种障碍。

"思路要明确,坚持改革先行,有序配套推出改革

举措";"要坚持协同发展、重点突破、深化改革、有序推进"……

3年多来，习近平多次强调，改革的关键是要破解三城联动发展存在的体制机制障碍。

一系列改革"硬办法"应时而生：2015年，中央政治局通过《京津冀协同发展规划纲要》，《"十三五"时期京津冀国民经济和社会发展规划》于2016年发布实施，京津冀交通、生态、产业等12个专项规划和一系列政策意见相继出台。

京津冀三地也开启了全面深化改革"加速度"，伴随"国家动力"的注入，三地原本各自为政的改革，变得越来越协作化、系统化，行动也"快马加鞭"起来。

北京，服装批发市场外迁；天津，大气污染治理、交通等方面互联互通；河北，"组合拳"淘汰过剩产能……

一场势在必行的改革行动让京津冀三地动起来、活起来、热起来了。

而新设立的雄安新区，七个方面重点任务之一就是，"推进体制机制改革，发挥市场在资源配置中的决定性作用和更好发挥政府作用，激发市场活力"，用改革创新这把锋刃，从根儿上撬动区域利益协调的痛点和难点。

步步踏石留印

雄安新区将与北京城市副中心形成"两翼"，为京津冀协同发展提供强劲的驱动力。她不会简单复制深圳和浦东，而是要开创国家新区和城市发展的全新模式。

习近平强调，雄安新区不同于一般意义上的新区，其定位首先是疏解北京非首都功能集中承载地，重点承接北京疏解出的行政事业单位、总部企业、金融机构、高等院校、科研院所等，不符合条件的坚决不能要。

他明确指示，要建设一座以新发展理念引领的现代新型城区。

这意味着，雄安新区将是一座新发展理念的实践之城，将为破解"大城市病"、打通三地发展障碍，建设现代化城市提供样本，提供可复制可推广的经验。

"这是我们城市发展的一种新选择。"习近平说。

习近平指出，疏解北京非首都功能、推进京津冀协同发展，是一个巨大的系统工程。"方法要明确，放眼长远、从长计议，稳扎稳打、步步为营，锲而不舍、久久为功"，"必须一件一件事去做，一茬接一茬地干，发扬'工匠'精神，精心推进，不留历史遗憾。"

从京津冀协同发展战略的提出，到雄安新区的设立，以习近平同志为核心的党中央步步踏石留印。

又一个"春天的故事"写下了序章。

（新华网记者　黄玥）

2017年4月14日

学习进行时·习语图解

关于雄安新区的这些问题

习近平这样回答

新华社国内部
新华网数据新闻部　学习进行时　联合出品

京津冀协同发展的核心问题是什么？

- 京津冀协同发展的核心问题是**疏解北京非首都功能**，降低北京人口密度，促进经济社会发展与人口资源环境相适应。

北京面临着什么样的历史性抉择？

- 北京正面临一次历史性抉择，从摊大饼转向在北京中心城区之外，规划建设**北京城市副中心**和**集中承载地**，将形成北京新的"两翼"，也是京津冀区域新的**增长极**。

为什么要建一座新城？

- 目前京津冀三地发展差距较大，不能搞齐步走、平面推进，也不能继续扩大差距，应从实际出发，**选择有条件的区域率先推进**，通过试点示范带动其他地区发展。
- 这是我们城市发展的一种新选择。

为何选定雄安?

- 这个地方选得好,在这里建新城,**不会过多打扰当地人的生活,涉及搬迁量少,**能快速起步见到效果。

选择雄安意义何在?

- 规划建设雄安新区是具有重大历史意义的战略选择,是**疏解北京非首都功能、推进京津冀协同发展的历史性工程**。

设立雄安新区为了谁？

- 设立雄安新区，一定要**让老百姓得到更多的实惠**，要有实实在在的获得感。

雄安新区定位是啥?

- 雄安新区不同于一般意义上的新区,其定位首先是疏解北京非首都功能集中承载地,重点承接北京疏解出的行政事业单位、总部企业、金融机构、高等院校、科研院所等,不符合条件的坚决不能要。

如何理解雄安新区的重要性?

- 这是党的十八大后中央抓的一个新区建设。雄安新区是党中央批准的**首都功能拓展区**,同上海浦东、广东深圳那样具**有全国意义**。

如何建设雄安？

- 建设雄安新区是一项历史性工程，一定要保持历史耐心，有**"功成不必在我"的精神境界**。
- 雄安新区将是我们留给子孙后代的历史遗产，必须坚持**"世界眼光、国际标准、中国特色、高点定位"**理念，努力打造贯彻新发展理念的创新发展示范区。

- 要坚持用最先进的理念和国际一流水准规划设计建设，经得起历史检验。
- 要坚持以人民为中心，从市民需要出发，做到疏密有度、绿色低碳、返璞归真，提供宜居的环境、优质的公共服务，有效吸引北京人口和功能疏解转移。

十八大以来，
习近平网络"古今谈"

学习进行时

　　习近平总书记博古通今，古籍中的名言警句，常常信手拈来，或巧妙化用，或引申阐发，用以指导当前的工作。习近平有关互联网发展的讲话，多次运用中国传统的文辞语句，表达对互联网的前瞻、深入思考。古老与新潮，穿越时空的碰撞，淬炼出智慧的火花。

互联网与古诗文,居于时间轴的两端,然而古今之理相通。习近平有关互联网发展的讲话,多次运用中国传统的文辞语句,表达对互联网的前瞻、深入思考。古老与新潮,穿越时空的碰撞,淬炼出智慧的火花。

"随时以举事,因资而立功,用万物之能而获利其上"

习近平在第二届互联网大会上的发言中指出,互联网让世界变成了"鸡犬之声相闻"的地球村,相隔万里的人们不再"老死不相往来"。

互联网发展已是浩浩荡荡之势,中国如何顺应?

2016年4月19日,习近平在网络安全和信息化工作座谈会上借《韩非子·喻老》中的一句话做了明确回答:"随时以举事,因资而立功,用万物之能而获利其上。"

党的十八大以来,我国互联网事业快速发展,网民总数已超过7亿,正处于从网络大国迈向网络强国的关键阶段。值此之时,若能充分利用目前互联网发展的关键时机、条件，借势而起，乘势而发，必定事半功倍。

总书记的谆谆教诲和殷殷期待，尽在一"随"一"因"之中。

"知屋漏者在宇下，知政失者在草野"

汉代唯物主义哲学家王充在《论衡》中说："知屋漏者在宇下，知政失者在草野。"

那么，要知"网情""网意"，则必须去网上。总书记引用王充之言，目的就是要提醒各级领导干部，要"善于运用网络了解民意、开展工作"，这是"新形势下领导干部做好工作的基本功"。

各级党政机关和领导干部如果不能学会通过网络走群众路线，经常上网看看，潜潜水、聊聊天、发发声，了解群众所思所愿，回应网民所疑所惑，何谈联系群众？

如若忽略了现代社会网络这个"草野"上的呼声，则领导干部很可能成为"居庙堂之高"而不知民间疾苦的晋惠帝。"何不食肉糜？"前车之鉴，为政者不可不察！

"得人者兴，失人者崩"

事业发展的根本所在，是人才。网信事业也概莫能外。

习近平用《史记·商君列传》中的这句话说明人才到底有多重要："得人者兴，失人者崩。"

"得"则"兴"，"失"则"崩"。鲜明、强烈的对比，说明对人才如何重视，都不为过。

古往今来，人才都是富国之本、兴邦大计。网络空间的竞争，归根结底也是人才竞争。没有一支优秀的人才队伍，没有人才创造力迸发、活力涌流，建设网络强国只能是镜花水月。因此，习近平强调要有眼界、魄力和气度，要聚天下英才而用之。

习近平指出，要建立适应网信特点的人事制度、薪酬制度，人才评价机制和人才激励机制，要探索网信领域科研成果、知识产权归属、利益分配机制；要解放思想，慧眼识才，爱才惜才；在人才选拔上要有全球视野，下大气力引进高端人才。总之，就是网信领域要

"先行先试，抓紧调研，制定吸引人才、培养人才、留住人才的办法"，从而"构建具有全球竞争力的人才制度体系"。

"聪者听于无声，明者见于未形"

互联网是没有国界的，互联网信息和安全却是有国界的。网络化时代，"没有网络安全就没有国家安全"，"网络和信息安全牵涉到国家安全和社会稳定"。

维护网络安全，我们需要加快构建安全保障体系，增强网络安全防御能力和威慑能力。可如果能消弭狂风于"青萍之末"，抚平大浪于"微澜之间"，岂不更好？

习近平深明此点。

他强调："知己知彼，才能百战不殆。没有意识到风险是最大的风险。"他指出，维护网络安全，首先要知道风险在哪里，是什么样的风险，什么时候发生风险，正所谓"聪者听于无声，明者见于未形"。

要成为如《汉书》所说的"聪者"和"明者"，我们就要摸清家底，认清风险，找出漏洞，督促整改，建立统一高效的网络安全风险报告机制、情报共享机制、研判处置机制，准确把握网络安全风险发生的规律、动向、趋势。如此，方能在维护互联网安全这一没有硝烟的战场上，立于不败之地。

"咬定青山不放松""日日行，不怕千万里；常常做，不怕千万事"

总书记对互联网核心技术的重视，看看他曾经用过的那些比喻，就知道了：

"要紧紧牵住核心技术自主创新这个'牛鼻子'"，"互联网核心技术是我们最大的'命门'"，"核心技术是国之重器"，必须掌握"'杀手锏'技术"……

字字句句，分量十足。

习近平关切互联网核心技术的突破，他强调要有"咬定青山不放松"的韧性，要有"日日行，不怕千万里；常常做，不怕千万事"的恒心。

诚如总书记引用的郑板桥的诗和清人编纂的《格

言联璧》之句所言，只要顽强拼搏、刻苦攻关、坚持不懈、脚踏实地，保持"千磨万击还坚劲"的干劲，保持"千里之行始于足下"的信念，就不愁中国的互联网核心技术不能取得突破！

"天下兼相爱则治，交相恶则乱" "君子务本，本立而道生"

回顾习近平关于互联网发展的讲话，有一个始终贯穿的思想，就是强调网络空间的开放合作。

他说，国际社会要"共同构建和平、安全、开放、合作的网络空间，建立多边、民主、透明的国际互联网治理体系"。他承诺，中国愿与世界各国携手努力，共同推进网络空间互联互通、共享共治。

《墨子》言："天下兼相爱则治，交相恶则乱。"一"治"一"乱"，后果泾渭分明。

2015年第二届世界互联网大会上，习近平引用这句古语，传递了"网络空间命运共同体"的理念。

《论语·学而》说："君子务本，本立而道生。"没有"本","道"就无从谈起。

2016年第三届世界互联网大会的视频讲话中,习近平借此再次重申了他关于全球互联网发展治理的"四项原则""五点主张"。

秉承"兼爱、非攻"思想的"网络空间命运共同体",是适于时代需要的判断和选择。只有开放合作、交流互鉴,才能实现共同繁荣。

万事万物,大道相通。习近平这一番网络"古今谈",此中真意,你get到了吗?

(新华网记者 赵银平)

2017年4月19日

学习进行时·习语图解

习近平网络
"古今谈"

习近平有关互联网发展的讲话，多次运用中国传统的文辞语句，表达对互联网的前瞻、深入思考。

新华网数据新闻部　学习进行时　联合出品

随时以举事,因资而立功,
用万物之能而获利其上。

——《韩非子·喻老第二十一》

指 出 应借势而起,乘势而发,
推动中国互联网事业快速发展。

`2016年4月19日` 习近平在网络安全和信息化工作座谈会的讲话中引用

知屋漏者在宇下,
知政失者在草野。

——王充《论衡》

提醒 各级领导干部要善于运用网络了解民意、开展工作。

2016年4月19日 习近平在网络安全和信息化工作座谈会的讲话中引用

得人者兴，失人者崩。

——司马迁《史记·商君列传》

点明 人才的重要性。

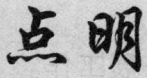 习近平在网络安全和信息化工作座谈会的讲话中引用

聪者听于无声,明者见于未形。

——班固《汉书·蒯伍江息夫传》

强调 维护网络安全要做好感知网络安全态势这个基础工作。

2016年4月19日 习近平在网络安全和信息化工作座谈会的讲话中引用

咬定青山不放松。

——郑板桥《竹石》

鼓励 大家保持干劲和信念,争取尽快在互联网核心技术上取得突破。

2016年4月19日 习近平在网络安全和信息化工作座谈会的讲话中引用

天下兼相爱则治，交相恶则乱。

——《墨子·兼爱上》

传递 "网络空间命运共同体"的理念。

2015年12月16日　习近平在第二届世界互联网大会开幕式的主旨演讲中引用

君子务本,本立而道生。

——《论语·学而》

 全球互联网发展治理的"四项原则""五点主张"。

2016年11月16日　习近平在第三届世界互联网大会的视频讲话中引用

十八大以来，
习近平这样为传统文化"代言"

学习进行时

中华优秀传统文化是习近平总书记治国理念的重要来源之一。十八大以来，无论在国内考察还是国外出访，习近平多次强调中华传统文化的历史影响和重要意义，每一次演讲中都饱含着中华文化的深厚底蕴。

纵览世界历史，一个民族的崛起或复兴，常常与其民族精神的崛起和民族文化的复兴息息相关。

中华优秀传统文化是习近平总书记治国理念的重要来源之一。十八大以来，无论在国内考察还是国外出访，习近平多次强调中华传统文化的历史影响和重要意义，每一次演讲中都饱含着中华文化的深厚底蕴。

传统文化有多重要？习近平这么强调

在5000多年文明发展进程中，中华民族创造和传承了独树一帜的灿烂文化，而民族优秀传统文化始终潜移默化地影响着华夏儿女的思想方式和行为方式。

传统文化的重要性，习近平反复强调。

"中华优秀传统文化是我们最深厚的文化软实力，也是中国特色社会主义植根的文化沃土。"在主持中共中央政治局第十八次集体学习时，习近平指出，实现"两个一百年"奋斗目标、实现中华民族伟大复兴的中国梦，需要充分运用中华民族数千年来积累下的伟大智慧。

"中华优秀传统文化中很多思想理念和道德规范,不论过去还是现在,都有其永不褪色的价值。"在文艺工作座谈会上,习近平要求"以古人之规矩,开自己之生面",在新的时代条件下传承和弘扬中华优秀传统文化,实现中华文化的创造性转化和创新性发展。

"中国传统文化博大精深,学习和掌握其中的各种思想精华,对树立正确的世界观、人生观、价值观很有益处。"在中央党校建校80周年庆祝大会暨2013年春季学期开学典礼上,习近平告诫学员们要多学习,要有"先天下之忧而忧,后天下之乐而乐"的政治抱负,"位卑未敢忘忧国""苟利国家生死以,岂因祸福避趋之"的报国情怀,"富贵不能淫,贫贱不能移,威武不能屈"的浩然正气,"人生自古谁无死,留取丹心照汗青""鞠躬尽瘁,死而后已"的献身精神,把优秀传统文化和民族精神继承和发扬下去。

如何以史为鉴?习近平这么思考

一个国家的治理体系和治理能力与这个国家的历史

传承和文化传统密切相关，而解决好中国的问题只能在中国大地上探寻适合自己的道路和办法。对此，习近平说："历史就是最好的老师。"

在历史这本大书中，既可以找到升平之世社会发展进步的成功经验，又能了解衰乱之世社会动荡的深刻教训，对此，习近平有着深刻的思考。

"学史可以看成败、鉴得失、知兴替；学诗可以情飞扬、志高昂、人灵秀；学伦理可以知廉耻、懂荣辱、辨是非。"在中央党校建校80周年庆祝大会上，习近平开门见山地道出了学习"以史为鉴"的重要原因。

民惟邦本、政得其民，礼法合治、德主刑辅，为政之要莫先于得人、治国先治吏，为政以德、正己修身，居安思危、改易更化……在漫长的历史进程中，中华民族创造了丰富的警句格言，发其深蕴，可以为今天治国理政提供有益启示。

对待好本国历史和传统文化，处理好历史与现实的辩证关系，这是任何国家在实现现代化过程中都必须解决好的问题。习近平强调，不忘历史才能开辟未来，善于继承才能善于创新。

篇二

"要治理好今天的中国，需要对我国历史和传统文化有深入了解，也需要对我国古代治国理政的探索和智慧进行积极总结。"

对此，习近平给出了这样一套方法论：

"对历史文化特别是先人传承下来的道德规范，要坚持古为今用、推陈出新，有鉴别地加以对待，有扬弃地予以继承。"

"对传统文化中适合于调理社会关系和鼓励人们向上向善的内容，我们要结合时代条件加以继承和发扬，赋予其新的涵义。"

"我们要善于把弘扬优秀传统文化和发展现实文化有机统一起来，紧密结合起来，在继承中发展，在发展中继承。"

怎样使传统文化古为今用？习近平这么阐释

当今世界，人类文明无论在物质还是精神方面都取得了巨大进步，但也面临着许多突出的问题。要解决当前的难题，不仅需要运用今天发现和发展的智慧，也需

要运用历史文化的积累和储备。

习近平说:"中国优秀传统文化的丰富哲学思想、人文精神、教化思想、道德理念等,可以为人们认识和改造世界提供有益启迪,可以为治国理政提供有益启示,也可以为道德建设提供有益启发。"

中国优秀传统文化如何"古为今用"?习近平列出多种优秀古代思想:道法自然、天人合一,天下为公、大同世界,自强不息、厚德载物,以民为本、安民富民乐民,脚踏实地、实事求是,仁者爱人、以德立人,以诚待人、讲信修睦,清廉从政、勤勉奉公……对这些思想,要结合时代条件加以继承和发扬,赋予其新的时代涵义。

"孔子创立的儒家学说以及在此基础上发展起来的儒家思想,对中华文明产生了深刻影响,是中国传统文化的重要组成部分。"习近平非常重视中国传统文化的传承与发展。

2013年11月26日,习近平来到曲阜孔府考察。在同有关专家学者代表座谈时,习近平表示研究孔子和儒家思想要坚持历史唯物主义立场,坚持古为今用,去粗取精，去伪存真，因势利导，深化研究，"促其在新的时代条件下发挥积极作用"。

2014年五四青年节时，习近平来到北京大学人文学苑，同87岁的著名哲学家汤一介促膝交谈，了解《儒藏》编纂情况，赞扬他为中华优秀传统文化继承、发展、创新作出的贡献。

在全球孔子学院建立十周年之际，习近平在给来自90个国家和地区的286名孔子学院校长、院长的回信中欣然写道，"孔子学院属于中国，也属于世界"，希望各方携手一起推动"心与心的交流"，共创人类美好明天。

如何用传统文化讲述中国故事？习近平这么实践

十八大以来，习近平对外出访数十次，无论是署名文章还是主旨演讲，他的讲话里始终充满着古今中外的优秀文化元素。广征博引、纵横捭阖，具有鲜明特点和魅力的"习式"语言给人留下了深刻印象。

在刚刚结束的"一带一路"国际合作高峰论坛上,习近平开场便引用《兰亭集序》中的名句"群贤毕至,少长咸集"来描述会议盛况,欢迎各国来宾。会上,习近平道出"不积跬步,无以至千里""金字塔是一块块石头垒成的""伟业非一日之功",用中国、阿拉伯、欧洲的谚语名句强调同一个道理,即"一带一路"建设要稳扎稳打,久久为功,"一步一个脚印推进实施,一点一滴抓出成果"。

"相知无远近,万里尚为邻",2016年11月,习近平在秘鲁国会发表演讲时引用了唐代诗人张九龄《送韦城李少府》中的名句,表明两国虽地理位置距离遥远,但是国家关系仍可以像邻居一样亲密。

"未之见而亲焉,可以往矣;久而不忘焉,可以来矣。"2016年1月,在阿盟总部演讲时,习近平引用这句两千多年前管子的话来讲述此行的重要意义。随后,他又道出孟子的"立天下之正位,行天下之大道",进一步阐释中国对中东政策的坚持和立场,言简意赅,鞭辟入里。

在博鳌亚洲论坛2015年年会上,习近平说,"夫物之不齐，物之情也"，强调"不同文明没有优劣之分，只有特色之别"，表达了要促进不同文明不同发展模式交流对话，在竞争比较中取长补短，在交流互鉴中共同发展的深刻思想。

习近平在讲话中引用古今中外的名言警句、古语诗词，看似顺手拈来，但无不恰到好处，尽画龙点睛之妙，这既是中西方传统文化的交融，也是习近平对中国智慧的最好"代言"。

（新华网 金佳绪）

2017年5月29日

十八大以来，
习近平就巡视工作连出"大招"

● 学习进行时

巡视工作是治标之举，也是治本之策。十八大以来，习近平总书记高度重视巡视工作，反复强调要让巡视成为"国之利器、党之利器"，先后作出许多部署。

5月26日,习近平总书记主持召开中央政治局会议,审议《关于修改〈中国共产党巡视工作条例〉的决定》和《关于巡视中央意识形态单位情况的专题报告》。

十八大以来,习近平就巡视工作连出"大招"。此次对巡视工作条例进行修改,可以说是巡视威慑力的又一次升级。

确保权威性 让巡视"利器"生威

巡视是党内监督的战略性制度安排。习近平反复强调,要让巡视成为"国之利器、党之利器"。

要让"利器"生威,就必须保证权威性。习近平严肃指出,"我们的巡视不是八府巡按,但必须有权威性"。十八届中央巡视工作甫一启动,就明确了中央巡视组代表党中央去巡视,不是业务巡视而是政治巡视。中央巡视组向中央的报告,不是汇报业务问题,而是反映坚持党的领导、加强党的建设、贯彻执行党的路线方针政策方面的情况。巡视直接针对相关地区、部门、单位的党组织和党员领导干部,针对"关键少数"。

回看近年来的中央巡视工作,其实就是一个聚焦聚焦再聚焦的过程,焦点对准党组织、党员领导干部应当肩负的政治责任,可以说是政治"显微镜"和"探照灯"。

据统计,十八大以来,中央纪委立案审查的中管干部中,50%以上是根据巡视移交的问题线索查处的;中央组织部对巡视移交的、反映较为集中的选人用人问题进行专项检查,已处理纠正和追究问责1100多人。

这次中央政治局会议指出,加强巡视工作,必须"聚焦坚持党的领导、加强党的建设、全面从严治党,突出严肃党内政治生活,净化党内政治生态",政治巡视的要求进一步明确。

"小智治事,中智治人,大智立法。"在习近平看来,确保巡视工作的权威性,更要将许多行之有效的巡视工作方针和经验做法,以党内法规的形式固定下来。

2015年8月,修订后的《中国共产党巡视工作条例》印发施行,其中特别将"实现巡视全覆盖、全国一盘棋"明确写入条例总则,使"全覆盖"成为"刚性"要求。

习近平在十八届中央纪委六次全会上强调，要以贯彻执行巡视工作条例为契机，提高依规依纪巡视能力，推动巡视工作制度化、规范化。将"巡视全覆盖"写入条例总则，其深意就是要一抓到底。监督不留空白，"利剑"方能始终高悬。

截至目前，十八届中央已经完成十一轮巡视，实现对31个省区市和新疆生产建设兵团、中央和国家机关、中管国有重要骨干企业和中央金融机构全覆盖。正在进行的第十二轮巡视过后，将实现一届任期巡视全覆盖目标。

更专更活更准　保持强大震慑效果

中央政治局会议指出，巡视工作"必须在坚持中深化、在深化中坚持，发挥标本兼治作用"。

修订后的《中国共产党巡视工作条例》正式印发施行两年来，巡视工作不断在创新中向纵深发展，新思路、新方式、新手段、新打法层出不穷。

这次条例修改，就是要总结吸纳巡视工作实践创新成果，为依纪依规开展巡视、推动巡视工作向纵深发展提供制度保障。这些创新成果，体现的正是习近平对巡视更专、更活、更准的要求。

回顾前几轮中央巡视，专项巡视已经成为常态。这种打法"灵准狠"、节奏"短平快"的方式，把巡视从程序、时间、对象等固化模式制约中解放出来，赋予了巡视工作更大的灵活性。由于不拘泥于复杂的工作流程限制，往往能够收到出其不意、攻其不备之效。

中央第九轮巡视的36个地区和单位中，32家单位属于专项巡视，首次对4个省开展巡视"回头看"。巡视"回头看"，群众称之为"杀回马枪"，可以说是习近平就巡视工作的又一次"加码"。

各级党组织整改不力是失职，不抓整改是渎职。习近平严肃地说，要开展"回头看"，揪住不放，对敷衍整改、整改不力、拒不整改的，要抓住典型严肃追责。

天津市原市委代理书记、市长黄兴国，辽宁省委原书记王珉，山东省济南市原市长杨鲁豫，安徽省原副省长杨振超等"老虎"，均在巡视"回头看"工作中被拿下。

此外,十八届中央首轮巡视便开始探索"三个不固定"——组长不固定、巡视对象不固定、巡视组和巡视对象的关系不固定。从第六轮巡视起,实行"一托二"乃至"一托三",每轮一个巡视组巡视两个或三个单位,增强其针对性。目前正在进行的第十二轮巡视又对4个单位试点开展"机动式"巡视,首次派出"流动哨"。

可以预见,今后的巡视工作必将进一步实现有的放矢、精准打击,保持强大的震慑效果。

坚持问题导向　严的要求贯彻始终

全面从严治党,要真管真严、敢管敢严、长管长严。习近平部署巡视工作,最突出最鲜明的特征就是全过程贯彻一个"严"字。

十八届中央纪委历次全会,习近平都对当年巡视工作提出要求。

他要求,纪检机关、组织部门要及时跟进,所有问题都要有明确说法;被巡视单位党组织,自己的问题必须自己"买单",不能发现问题后还当"看客"和"说客";省区市、中央和国家机关"一把手"对巡视发现的重点问题,要点出具体人头、提出具体意见,不能点个卯、表个态就完事。

习近平的要求非常细,但核心思想十分突出,就是要坚持问题导向,确保严的要求落到实处、见到实效。

巡视条例修订后,巡视工作紧扣"六大纪律"和"四个着力",违背党的路线方针政策的言行、独断专行、软弱涣散、严重不团结等问题都纳入巡视范围。

与此同时,党内监督和群众监督相结合的方向愈加明确。已经完成的十八届中央十一轮巡视,仅巡视中央和国家机关就累计受理信访16万多件次,与干部群众谈话1.8万多人次。

层层监督,实是为"严"字托底。"在坚持中深化、在深化中坚持",巡视工作坚持的必是严的标准,深化的也必是严的举措。"从严治党永远在路上",作为推进全面从严治党的重大举措,巡视工作向纵深发展,一个"严"字也必将贯彻始终。

(新华网记者 王子晖)

2017年5月31日

十八大以来,
习近平反复强调"绿水青山"

● 学习进行时

　　习近平总书记一直十分重视生态环境保护,十八大以来多次对生态文明建设作出重要指示,在不同场合反复强调,"绿水青山就是金山银山"。这是发展理念和方式的深刻转变,引领中国朝着绿色经济转型,也引领着中国发展迈向新境界。

十八大以来，有一件事，习近平一直强调要"算大账、算长远账、算整体账、算综合账"。这件事就是生态环境保护。他明确指出，"绝不能以牺牲生态环境为代价换取经济的一时发展"，多次提出"既要金山银山，又要绿水青山""绿水青山就是金山银山"。

绿水青山——提升全面小康质量的"金山银山"

"要把生态环境保护放在更加突出位置，像保护眼睛一样保护生态环境，像对待生命一样对待生态环境"。习近平如此重视生态环境保护，背后是深沉的民生情怀。

生态环境与人民生活息息相关。2013年4月，习近平在海南考察时就曾强调，"良好生态环境是最公平的公共产品，是最普惠的民生福祉"。

过去几十年来，中国经济社会发展取得历史性成就，但也承担了资源环境方面的代价。当下，人民群众对清新空气、清澈水质、清洁环境等生态产品的需求越来越迫切。

篇二

"环境就是民生,青山就是美丽,蓝天也是幸福",习近平这样指出。在他眼中,生态环境与人民生活质量息息相关。

"小康全面不全面,生态环境质量是关键"。能否解决生态破坏严重、生态灾害频繁、生态压力巨大等问题,直接关系着人民群众对全面小康的认可度和满意度。

"绿水青山就是金山银山",是习近平对如何更好造福人民、提升全面小康含金量的思考。习近平对生态环境保护提出的一系列要求,归纳起来就是要顺应人民对良好生态环境的期待。

正如他在2014年APEC欢迎宴会上致辞时所强调的,"希望蓝天常在、青山常在、绿水常在,让孩子们都生活在良好的生态环境之中,这也是中国梦中很重要的内容"。

近几年全国两会上同代表委员共商国是,生态环境保护是习近平最为关心的话题之一,总是详细询问、反复叮嘱,心中的牵挂溢于言表。

2014年,参加广东代表团审议,习近平追问"珠三角现在PM2.5是多少""广州市对机动车限行限购吗""东江的水质怎么样",件件事关绿水青山。

2015年,参加上海代表团审议,习近平对"蓝天指数"格外关注,追问空气质量优良的能占多少,强调不能只靠"借东风",强调事在人为。

2016年,参加青海代表团审议,习近平语重心长地说,"生态环境没有替代品",一再要求青海保护好"中华水塔",确保"一江清水向东流"。

2017年,习近平又接连在上海、新疆等代表团对生态环境保护作出突出强调。

人民的期盼,就是习近平的关切。他不止一次说,"我们要下定决心,实现我们对人民的承诺"。

绿水青山——中华民族永续发展的"金山银山"

党的十八大首次把"美丽中国"作为生态文明建设的宏伟目标,把生态文明建设摆上了中国特色社会主义五位一体总体布局的战略位置。

2016年7月1日,在庆祝中国共产党成立95周年大会上，习近平再次阐述了五位一体的总体布局，强调要协同推进人民富裕、国家强盛、中国美丽。

将"中国美丽"并列其中，协同推进，体现的正是习近平对于中华民族永续发展的战略决断。

生态文明建设，关乎民族未来。"我国生态环境矛盾有一个历史积累过程，不是一天变坏的，但不能在我们手里变得越来越坏，共产党人应该有这样的胸怀和意志。"习近平心系生态环境保护，更是要为子孙后代留下可持续发展的"绿色银行"。

2017年5月26日，中央政治局进行第四十一次集体学习，主题是"推动形成绿色发展方式和生活方式"。习近平在主持学习时指出，人类发展活动必须尊重自然、顺应自然、保护自然，否则就会遭到大自然的报复。他强调，这个规律谁也无法抗拒。

中华文明已延续了5000多年，如何再延续5000年直至实现永续发展？尊重自然、顺应自然、保护自然，就是习近平给出的答案，也是习近平对中华文化中天人合一、和谐平衡思想的深刻理解。

习近平强调，必须把生态文明建设摆在全局工作的突出地位，坚持节约资源和保护环境的基本国策，坚持节约优先、保护优先、自然恢复为主的方针，形成节约资源和保护环境的空间格局、产业结构、生产方式、生活方式，努力实现经济社会发展和生态环境保护协同共进，为人民群众创造良好生产生活环境。

十八大以来，习近平频繁到地方考察调研，每到生态地位突出的地方，他都要就此重点强调。

2014年春节前夕，习近平冒着零下三十摄氏度的严寒，来到已全面停伐，正处在艰难转型期的内蒙古阿尔山林区。习近平鼓励大家说："历史有它的阶段性，当时砍木头是为国家做贡献，现在种树看林子也是为国家做贡献。"

2015年1月，习近平在云南考察调研时，专程来到大理市湾桥镇古生村，考察洱海湿地生态保护情况。他和当地干部合影后说："立此存照，过几年再来，希望水更干净清澈。"叮嘱一定要把洱海保护好，让"苍山不墨千秋画，洱海无弦万古琴"的自然美景永驻人间。

2016年8月，习近平考察青海时，驱车来到格尔木市唐古拉山镇长江源村视察，听取生态移民搬迁等情况介绍。考察期间，习近平强调，青海生态地位重要而特殊，必须担负起保护三江源、保护"中华水塔"的重大责任。

……

抓保护，就必须定红线。主持中央政治局第六次集体学习时，习近平严肃强调，"要精心研究和论证，究竟哪些要列入生态红线，如何从制度上保障生态红线""列入后全党全国就要一体遵行，绝不能逾越"。第四十一次集体学习中，习近平又进一步指出，"加快构建生态功能保障基线、环境质量安全底线、自然资源利用上线三大红线，全方位、全地域、全过程开展生态环境保护建设"。

绿水青山——源源不断转化为"金山银山"

理解"绿水青山就是金山银山"更深层的内涵和境界，关键在"就是"二字。习近平意在揭示，绿水青山可以源源不断地带来金山银山，绿水青山本身就是金山银山。我们种的常青树就是摇钱树，生态优势也是经济发展优势。

"十三五"时期,厚植发展优势、破解发展难题,必须牢固树立"五大发展理念"。以绿色发展为引领,"共抓大保护,不搞大开发",将生态保护和生态修复摆在压倒性位置上,实际上就是培育新结构、形成新格局的过程。

生态环境的问题,往上追溯都是经济发展模式的问题。环境污染、生态破坏,很大程度上来源于从前过多依赖增加物质资源消耗、过多依赖规模粗放扩张、过多依赖高能耗高排放产业的发展模式。而目前经济发展中最为突出的结构性矛盾,又与这些落后的发展模式密不可分。

因此,习近平大力推动发展低碳经济、循环经济,一个重要目的就是把发展的基点放到创新上来,塑造更多依靠创新驱动、更多发挥先发优势的引领型发展模式。唯有如此,才能化解供需之间的结构性矛盾,提供更多有效供给。习近平说,这是供给侧结构性改革的重要任务。

如此我们就不难理解,为何习近平格外重视新兴环保产业,为何反复强调"生态就是资源、生态就是生产力"。

2016年1月,习近平在重庆调研,布局长江经济带发展时就突出强调了要深入实施"蓝天、碧水、宁静、绿地、田园"环保行动。他指出,保护好三峡库区和长江母亲河,事关重庆长远发展,事关国家发展全局,要建设长江上游重要生态屏障,推动城乡自然资本加快增值,使重庆成为山清水秀美丽之地。

同年5月在黑龙江考察调研,习近平十分关注伊春上甘岭林区转型发展,他仔细查看蓝莓、榛果、木耳、蘑菇、木雕、药材等生态经济开发区发展情况,对林业工人们表示,"只要勤劳肯干,守着绿水青山一定能收获金山银山"。

"绿水青山就是金山银山",这是发展理念和方式的深刻转变,引领中国朝着绿色经济转型,也引领着中国发展迈向新境界。

(新华网记者 王子晖)

2017年6月5日

学进行时

十八大以来，
习近平大力"劝学""促学"

● 学习进行时

习近平总书记一直十分重视抓党员、干部的学习。他反复强调，"事业发展没有止境，学习就没有止境"。十八大以来，习近平不断"劝学""促学"，抓"关键少数"，在全党大兴学习之风。

"学者非必为仕，而仕者必为学。"习近平总书记强调，党员、干部学习不仅仅是自己的事情，更关乎党和国家事业发展。他说，"事业发展没有止境，学习就没有止境"，强调要"坚持学习、学习、再学习"。

为什么学？习近平这样指出

重视学习是中国共产党推动事业发展的一条成功经验。从革命战争年代到和平建设时期，再到改革开放新时期，每当遇到新领域新课题，党都要号召全党同志加强学习。

"好学才能上进"，习近平指出，中国共产党人依靠学习走到今天，也必然要依靠学习走向未来。我们的干部要上进，我们的党要上进，我们的国家要上进，我们的民族要上进，就必须大兴学习之风。

——加强学习，克服"本领恐慌"

世情、国情、党情总是在不断地发展变化，新情况新问题每时每刻都在出现，各种困难、风险、挑战层出不穷。2013年3月1日,习近平在中央党校建校80周年庆祝大会上,再次提出了"本领恐慌"的问题。

习近平指出,与今天我们党和国家事业发展的要求相比,我们的本领有适应的一面,也有不适应的一面。特别是随着形势和任务不断发展,我们适应的一面正在下降,不适应的一面正在上升。他告诫党员、干部,如果不抓紧增强本领,久而久之,我们就难以胜任领导改革开放和社会主义现代化建设的繁重任务。

在习近平看来,增强本领的途径就是学习和实践。要有本领不够的危机感,有加强学习的紧迫感。习近平语重心长地说,"知识经济时代,一个人必须学习一辈子,才能跟上时代前进的脚步"。如果不能主动加快知识更新、优化知识结构、拓宽眼界和视野,就无法赢得主动、赢得优势、赢得未来。

——加强学习,避免"迷、盲、乱"

党员、干部加强学习,不断提高自己、丰富自己,目的是提高工作水平和质量。我们正在进行的许多工作,是前人没有做过的。如果不加强学习,充分认识规律、摸清门道，即使做了大量工作，也会因为少知而迷、不知而盲、无知而乱，而导致事与愿违。习近平说，这如同"盲人骑瞎马，夜半临深池"。

中国经济发展进入新常态，一些党员、干部就是因为学习不足，对此产生了认识误区。有的把新常态当成一个事件，以"好"或"坏"来界定它；有的滥用这一概念，搞出一大堆"新常态"；更有一些干部把不好做或难做好的工作都归结于新常态。

其实对于经济发展新常态，习近平多次进行过深入的阐述。新常态不是一个事件，也不是一个"筐"，更不是不干事。如果不能通过加强学习扫清认识迷雾，弄清新常态的本质和内在规律，就不能"适应"和"把握"新常态，更不必说"引领"新常态了。

——加强学习，坚定文化自信

文化是一个国家、一个民族的灵魂。习近平强调，文化自信是更基础、更广泛、更深厚的自信，是更基本、更深沉、更持久的力量。多次重要讲话，他都从事关国运兴衰的高度来阐述文化自信。

坚定文化自信，首先离不开对文化的学习和运用。习近平常说，"历史是最好的教科书"，五千多年文明发展孕育的中华优秀传统文化，党和人民伟大斗争孕育的革命文化和社会主义先进文化，都应作为党员、干部学习的宝库，成为永远的精神追求。

怎么学？习近平这样要求

"腹有诗书气自华。"
"学如弓弩，才如箭镞。"
"博学之，审问之，慎思之，明辨之，笃行之。"
……

在不同时期、不同场合，习近平多次引用古语名言，劝诫党员、干部加强学习。具体到学什么、怎么学，习近平也不厌其烦，反复强调。

——坚持正确方向

党员、干部学习，要正确把握学习的方向，否则就容易陷入盲目状态甚至误入歧途。坚持正确方向，关键是认真学习马克思主义理论。习近平指出，这是我们做好一切工作的看家本领，也是领导干部必须普遍掌握的工作制胜的看家本领。

党章是党的根本大法，是党的总规矩。学习理论，党章是必须贯穿的一条主线。习近平十分重视对党章的学习，"两学一做"，首先就是学党章。

习近平强调，学习党章是全体党员的基本功，这个功课要经常做。学习党章不仅要原原本本学、反反复复学，做到知其然，而且要联系实际学、深入思考学，做到知其所以然。2016年4月，在安徽考察的重要讲话中，习近平从6个方面对此作出强调。

——向书本学也向实践学

习近平指出，要坚持干什么学什么、缺什么补什么，努力使自己真正成为行家里手、内行领导。他说："学史可以看成败、鉴得失、知兴替；学诗可以情飞扬、志高昂、人灵秀；学伦理可以知廉耻、懂荣辱、辨是非。"要求党员干部爱读书、读好书、善读书。

与此同时，习近平更提倡实干，反对学习和工作中的"空对空"。他曾用战国赵括"纸上谈兵"、两晋学士"虚谈废务"的历史教训告诫党员干部,读书是学习,使用也是学习,并且是更重要的学习。

他强调,领导干部要发扬理论联系实际的马克思主义学风,带着问题学,拜人民为师,做到干中学、学中干,学以致用、用以促学、学用相长,千万不能夸夸其谈、陷于"客里空"。

——持之以恒,积跬步以至千里

"要我学"不如"我要学","学一阵"不如"学一生"。习近平希望党员、干部把学习作为一种追求、一种爱好、一种健康的生活方式,做到好学乐学。

"工作太忙"绝不是放松学习的理由,一些无谓的应酬、形式主义的东西更要坚决反对。习近平曾严肃批评一些干部说:"现在,有的干部学风不浓、玩风太盛。这样'以其昏昏,使人昭昭'是不行的!是要贻误工作、贻误大事的!"习近平指出,不注意学习,忙于事务,思想就容易僵化、庸俗化。

学习就要沉下心来,贵在持之以恒,重在学懂弄通,不能心浮气躁、浅尝辄止、不求甚解。"领导干部一定要把学习放在很重要的位置上,如饥似渴地学习,哪怕一天挤出半小时,即使读几页书,只要坚持下去,必定会积少成多、积沙成塔、积跬步以至千里。"习近平这样强调。

"劝学""促学",习近平从"关键少数"抓起

各项工作要抓出成效,就必须抓住领导干部这个"关键少数"。抓党员、干部的学习,习近平同样从"关键少数"抓起。

2012年11月17日,党的十八大闭幕刚刚两天,习近平便组织十八届中央政治局同志进行了第一次集体学习。

习近平说:"国内外都在看我们这一届中央领导集体工作会以什么来开局,我们就以深入学习宣传贯彻党的十八大精神来开好局、起好步。"传递了从中央最高层做起加强学习的强烈信号。

四年多来,本届中央政治局已进行了41次集体学

习，几乎每月都要就目前最紧迫的工作和最需要把握的问题听取讲解、进行讨论，主题涵盖改革、法治、经济、国防、外交、从严治党、生态文明等方方面面。

习近平主持中央政治局集体学习，也绝不仅是停留在获取知识的层面，更与治国理政的重大决策部署紧密联系。

2014年12月5日，在上海自贸试验区区域扩展前夕，习近平就加快自由贸易区建设主持第十九次集体学习。

2016年9月27日，G20杭州峰会闭幕后不久，习近平就本次峰会和全球治理体系变革主持第三十五次集体学习。

2017年是供给侧结构性改革的深化之年，新年伊始，习近平就深入推进供给侧结构性改革主持第三十八次集体学习。

……

与此同时，中央政治局集体学习也不断创新方式。2013年9月30日，中央政治局以实施创新驱动发展战略为题举行第九次集体学习时，习近平带领中央政治局同志走出中南海，把"课堂"搬到了中关村，采取调研、讲解、讨论相结合的形式进行，提高学习成效。

除中央政治局集体学习外，十八大以来，中央接连部署几次党内教育，习近平都对"关键少数"提出更高标准、更严要求。

2013年6月18日起，中央用一年多的时间，开展党的群众路线教育实践活动。这次活动在部署阶段就明确强调，中央政治局要带头开展。第一批教育实践活动中，政治局常委都要分别联系一个省，第二批活动中分别联系一个县。习近平指出，这不是点个卯，而是要真正起带动作用。

2015年4月，中央印发了《关于在县处级以上领导干部中开展"三严三实"专题教育方案》，对象十分明确，就是县处级以上领导干部。

2016年2月，中央又印发了《关于在全体党员中开展"学党章党规、学系列讲话，做合格党员"学习教育方案》，要求各地区各部门认真贯彻执行。

习近平对学习教育作出重要指示，特别强调了县处级以上党员领导干部要在学习教育中作出表率，紧密联系领导工作实际，学得更多一些、更深一些，要求更严一些、更高一些，努力提高思想政治素养和理论水平。

在习近平的心中，全面从严治党没有止境，党员、干部加强学习也永远在路上。

（新华网记者　王子晖）

2017年6月14日

十八大以来，
习近平心系重大工程

● 学习进行时

习近平说："政府在关系国计民生和产业命脉的领域要积极作为，加强支持和协调，总体确定技术方向和路线，用好国家科技重大专项和重大工程等抓手，集中力量抢占制高点。"站在尖端科技制高点上，重大工程是一把把"重剑"，以雄浑厚重的力道，劈波斩浪，开天辟地。

2013年9月30日，在中共中央政治局第九次集体学习中，习近平说："政府在关系国计民生和产业命脉的领域要积极作为，加强支持和协调，总体确定技术方向和路线，用好国家科技重大专项和重大工程等抓手，集中力量抢占制高点。"

"抢占制高点"，无疑是实施重大工程的重要动因。

"重剑"与"定海神针"

五年来，我国重大工程建设已成燎原之势。

目前世界下潜最深的研究型载人潜水器"蛟龙号"，世界首颗量子科学实验卫星"墨子号"，中国首颗X射线天文卫星"慧眼"，遨游星汉的天宫二号，"中国天眼"500米口径球面射电望远镜，世界最快超级计算机"神威·太湖之光"……

站在尖端科技制高点上，重大工程是一把把"重剑"，以雄浑厚重的力道，劈波斩浪，开天辟地。

高速铁路总里程位居世界第一位，成为中国一张

"金名片";南水北调东线中线一期工程从2013年通水至今,受益人口超过1亿;国家电网果洛联网工程让青海果洛藏族自治州的玛多、班玛、久治三县彻底告别了"电力孤岛"历史;北京加快实施煤改电工程,截至2016年末,已累计完成58.25万户居民改造,核心区已基本实现"无煤化"……

在关系国计民生和产业命脉的领域,重大工程是"定海神针",立梁架柱,筑牢基石。

重大工程,成为中国现代化建设的可靠支撑。

"活水"与"永动机"

重大工程,"重大"一词,就说明了其难为。为何我们在短短五年间,能实现点线面的全面布局,能迅速实现质的飞跃?

问渠那得清如许,为有源头活水来。重大工程之"活水"就是创新。

习近平将创新视为一个民族进步的灵魂,一个国家兴旺发达的不竭源泉,中华民族最鲜明的民族禀赋。他

强调:"没有创新,就没有未来。""综合国力竞争说到底是创新的竞争。"

十八大以来,我国重大工程,创新之光处处闪现。

"中国天眼"在口径、灵敏度、分辨率、巡星速度等关键指标上超越国外同类望远镜,实现了大科学工程由跟踪模仿到集成创新的跨越。中国"慧眼",承载高能、中能、低能X射线望远镜和空间环境监测仪,洞见宇宙中惊心动魄的图景:黑洞吞噬被撕裂的星星、脉冲星疯狂旋转、宇宙深处猛烈的爆炸……

从机体结构件到机载系统设备,从机头试验到机尾复合材料应用……十年磨一剑的"大块头"C919拥有反推装置设计、主动控制技术等102项关键技术突破,彰显了我国航空工业的整体科技实力和"中国智慧"。

港珠澳大桥,创下多项世界之最:世界最长的跨海大桥,拥有世界最长的海底隧道的大桥,世界上最长的钢结构桥梁。其岛隧工程更是一个开创性的工程,是世界唯一的深埋隧道。

……

在创新的路上,我们永不停步:2018年,我国将发射嫦娥四号，实施世界首次月球背面着陆巡视探测；2020年，我国将发射首颗火星探测器；面向2030，我国部署了量子通信和量子计算机等重要项目……

创新，是"活水"，让重大工程从理念的种子变为现实的参天大树；创新，是"永动机"，让重大工程建设的脚步一往无前，铿锵有力。

"补短板"与"铸重器"

当前，中国经济正从高速增长转入中高速增长"新常态"，多年积累的各种矛盾集中爆发。如何破解？习近平告诉我们："推进供给侧结构性改革是我国经济发展进入新常态的必然选择，是经济发展新常态下我国宏观经济管理必须确立的战略思路。""在适度扩大总需求的同时，着力加强供给侧结构性改革，着力提高供给体系质量和效率。""必须下决心在推进经济结构性改革方面作更大努力，使供给体系更适应需求结构的变化。"

补短板，是供给侧结构性改革的五大任务之一。

而我国的重大工程建设,既是铸"重器"又是补"短板"。

五年来,我们发展特色产业,发挥国家重大工程、农业产业化项目带动作用,壮大扶贫力量;我们开展环境治理、防治大气污染;高铁、高速公路、西气东输、南水北调,打造了日益紧密的城市"朋友圈",推动了各地的协调发展;航空发动机及燃气轮机、量子通信与量子计算机、智能制造和机器人等科技创新项目体现了国家的重大需求,将带动不少产业的发展;还有按照"十三五"规划纲要正在推进的新型城镇化建设、健康中国行动计划、信息化重大工程……

回顾梳理五年来的重大工程,我们不难发现,这些重大工程遥相呼应,协同作战。它们,在默默补齐发展短板的进程中,也为实现全面小康、实现伟大民族复兴打造出大批基础"重器"。

"破冰船"与"火车头"

2014年8月18日,在中央财经领导小组第七次会议上，习近平明确要求："要抓紧出台实施创新驱动发展的政策和部署，抓紧实施国家重大科技专项，再选择一批体现国家战略意图的重大科技项目和重大工程，集中力量、协同攻关。"

十八大以来，一系列重大工程犹如"破冰船"，凿冰开路，为我国在诸多高科技领域的探索打开了通道，具有首创之功。

以中国首颗量子科学实验卫星"墨子号"为例，它的成功发射和在轨运行，将有助于我国实现国家信息安全和信息技术水平跨越式提升，对于推动我国空间科学卫星系列可持续发展具有重大意义。

再如6月15日发射成功的硬X射线调制望远镜卫星"慧眼"，将使我国在X射线空间观测方面具有国际先进的暗弱变源巡天能力、独特的多波段快速光观测能力等，推动我国高能天体物理研究进入世界先进行列。

产业改造升级、增强经济社会发展新动力，解决区域间、产业间发展不平衡问题，重大工程犹如"火车头"，发挥着巨大的牵引作用。

C919，我国首次按照国际适航标准研制的150座级干线客机，拥有完全自主知识产权，显著改善了我国民用航空工业发展的基础面貌，并为我国经济转型升级锻造了一条蕴藏巨大潜力的产业链。

火车一响，黄金万两。中国高速铁路"四纵四横"铁路网的基本形成，极大地激活了沿线的人流、物流、产业和信息流，带动了区域协调发展。对滇桂黔、秦巴山、大别山等集中连片特殊困难地区的脱贫攻坚，更是起到了重要的基础保障作用。

习近平把科技创新作为"先手棋"，强调要在关键核心技术领域取得大的突破。对于全面建成小康社会，习近平指出："'全面'讲的是发展的平衡性、协调性、可持续性。"

实现突破，靠的就是重大工程"破冰"；实现"全面"，需要重大工程这一"火车头"的带动和指引。

重大工程，牵引"中国列车"砥砺前行。

（新华网记者　赵银平）

2017年6月19日

十八大以来，
习近平这样指导青年工作

学习进行时

青年是祖国的未来、民族的希望，也是我们党的未来和希望。十八大以来，习近平先后到过中南大学、国防科学技术大学、北京大学、澳门大学、中国科技大学、中国政法大学等许多高校，多次同青年代表座谈、向青年致信，充分显示出对青年和青年工作的重视。

十八大以来，习近平先后到过中南大学、国防科学技术大学、北京大学、澳门大学、中国科技大学、中国政法大学等许多高校，多次同青年代表座谈、向青年致信，充分显示出对青年和青年工作的重视。

反复强调国家和民族责任

2013年5月4日，习近平同各界优秀青年代表座谈时指出，青年一代有理想、有担当，国家就有前途，民族就有希望，实现我们的发展目标就有源源不断的强大力量。

2014年5月4日，习近平在北京大学考察时强调，青年是标志时代的最灵敏的晴雨表，时代的责任赋予青年，时代的光荣属于青年。

2015年7月24日，习近平向全国青联十二届全委会和全国学联二十六大致贺信，强调祖国的未来属于青年，重视青年就是重视未来。

2016年4月26日，习近平主持召开知识分子、劳动模范、青年代表座谈会，强调全面建成小康社会，广大青年是生力军和突击队。

……

谈及青年，习近平都会紧密联系到国家和民族，都会从时代的高度对广大青年提出希望。正如他在庆祝中国共产党成立95周年大会上长篇引用的"以青春之我，创建青春之家庭，青春之国家，青春之民族，青春之人类，青春之地球，青春之宇宙"。

青年人朝气蓬勃，是全社会最富有活力、最具有创造性的群体。习近平说："青年一代的理想信念、精神状态、综合素质，是一个国家发展活力的重要体现，也是一个国家核心竞争力的重要因素。"实现"两个一百年"奋斗目标、实现中华民族伟大复兴的中国梦离不开青年的人才支撑、智力支撑、创新支撑。

习近平曾对青年学生说："现在在高校学习的大学生都是20岁左右，到2020年全面建成小康社会时，很多人还不到30岁；到本世纪中叶基本实现现代化时，很多人还不到60岁。也就是说，实现'两个一百年'奋斗目标，你们和千千万万青年将全过程参与。"

不难想象，青年不但是现在的生力军，更是未来的

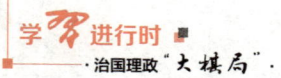

主力军。习近平反复强调青年之于国家和民族的责任,深意不言而喻。

"第一粒扣子"之喻语重心长

青年的价值取向决定了未来整个社会的价值取向。在北京大学考察时,习近平以"穿衣服扣扣子"为喻,形象地指出,人生的扣子从一开始就要扣好,如果第一粒扣子扣错了,剩余的扣子都会扣错。

对于广大青年来说,扣好人生"第一粒扣子"就要坚定理想信念。习近平语重心长地告诫青年,"功崇惟志,业广惟勤",没有理想信念,就会导致精神上"缺钙"。

习近平在北京大学考察时强调,广大青年对五四运动的最好纪念,就是在党的领导下,勇做走在时代前列的奋进者、开拓者、奉献者,同全国各族人民一道,担负起历史重任,让五四精神放射出更加夺目的时代光芒。换言之,就是要求广大青年"不忘初心"。

来到中国政法大学,习近平明确指出,不忘"坚定跟党走"这个初心，是我国广大青年的政治选择，也是我国广大青年的人生航向。

中国政法大学主题团日活动上，习近平深情回忆起他上初中一年级时学习穆青等撰写的焦裕禄文章的感受，说焦裕禄精神"一直是一盏明灯"，突出的就是焦裕禄同志坚定跟党走，一生都在为党分忧、为党添彩的坚定理想信念。

每个时代都有每个时代的历史使命，一代青年有一代青年的历史际遇。习近平指出，当今中国最鲜明的时代主题，就是实现"两个一百年"奋斗目标、实现中华民族伟大复兴的中国梦。他强调，青年要勇于担当这个时代赋予的历史责任。

勉励青年下苦功夫求真学问

青年正处于学习的黄金时期，寄语青年，习近平必谈学习。"非学无以广才，非志无以成学""人才有高下，知物由学""学如弓弩，才如箭镞"……习近平劝学，不厌其烦。

2013年5月4日同各界优秀青年代表座谈时，习近平便强调，应该把学习作为首要任务，作为一种责任、一种精神追求、一种生活方式。具体怎么学，习近平也进行了许多阐述。

首先要勤学，下得苦功夫，求得真学问。2016年4月26日召开的知识分子、劳动模范、青年代表座谈会上，习近平强调，广大青年要保持初生牛犊不怕虎的劲头，不懂就学，不会就练，没有条件就努力创造条件。

日前到中国政法大学考察，习近平又提出，需要像海绵汲水一样汲取知识，惜时如金、孜孜不倦，下一番心无旁骛、静谧自怡的功夫。

学习也要注重方法，专攻博览，内化于心。习近平强调，要突出主干、择其精要，努力做到又博又专、愈博愈专。特别是要克服浮躁之气，静下来多读经典，多知其所以然。

同时，培养和训练科学思维方法和思维能力也十分重要。习近平说："养成了历史思维、辩证思维、系统思维、创新思维的习惯，终身受用。"

学习的目的全在于运用，习近平一直要求学以致用、学用相长。他说，要"既多读有字之书，也多读无字之书"，就是要青年躬身实践，将知识转化为能力。

习近平强调，对想做爱做的事要敢试敢为，努力从无到有、从小到大，把理想变为现实。要敢于做先锋，而不做过客、当看客。

这样说，意在强调勤学的基础上还要笃行，做到知行合一。习近平不止一次表示，青年有着大好机遇，关键是要迈稳步子、夯实根基、久久为功。

中国政法大学主题团日活动上，习近平对青年学生树立远大的志向表示肯定。他说，"青年要立志做大事，不要立志做大官"，强调的就是扎扎实实干事，踏踏实实做人。

要求高校党委3个"结合"立德树人

习近平强调，青年在成长和奋斗中，会收获成功和喜悦，也会面临困难和压力。他勉励广大青年要正确对待一时的成败得失，同时要求各级党委和政府也要始终关心和爱护学生成长，为他们放飞青春梦想、实现人生出彩搭建舞台。

在庆祝中国共产党成立95周年大会上,习近平要求全党做青年朋友的知心人、青年工作的热心人、青年群众的引路人。历次到高校考察,习近平都要突出强调党的高校工作,先后提出许多要求。

2016年12月,全国高校思想政治工作会议召开,习近平发表重要讲话。他强调,要坚持把立德树人作为中心环节,把思想政治工作贯穿教育教学全过程,实现全程育人、全方位育人,努力开创我国高等教育事业发展新局面。

这次会议上,习近平明确要求,必须围绕学生、关照学生、服务学生,不断提高学生思想水平、政治觉悟、道德品质、文化素养,让学生成为德才兼备、全面发展的人才。

习近平强调,各地党委书记和有关部门党组书记要多到高校走走,多同师生接触,多次去高校作报告,回答师生关注的理论和现实问题。

到中国政法大学考察,习近平进一步指出,高校党委要履行好管党治党、办学治校的主体责任,做到3个

"结合"：

把思想政治工作和党的建设工作结合起来，把立德树人、规范管理的严格要求和春风化雨、润物无声的灵活方式结合起来，把解决师生的思想问题和教学科研、学习就业等实际问题结合起来，使高校始终充满积极向上的正能量、洋溢蓬勃向上的青春活力、展现改革创新的时代风采。

（新华网记者　王子晖）

2017年6月22日

这些年,习近平常到青年中

这些年,习近平常到青年中去。

"五四"前后,他总会通过考察、座谈等方式与青年亲密互动。

新华网数据新闻部　学习进行时　联合出品

习近平在中国政法大学考察时强调，立德树人德法兼修抓好法治人才培养，励志勤学刻苦磨炼促进青年成长进步。
他要求广大青年：

① 要立志做大事，不要立志做大官。

② 要像海绵汲水一样汲取知识；
要克服浮躁之气，静下来多读经典，多知其所以然。

③ 要把学习同思考、观察同思考、实践同思考紧密结合起来；
要充分发挥青年的创造精神，勇于开拓实践，勇于探索真理。

④ 要正确对待一时的成败得失，处优而不养尊，受挫而不短志，使顺境逆境都成为人生的财富而不是人生的包袱；
要时常用真善美来雕琢自己，不断培养高洁的操行和纯朴的情感，努力使自己成为高尚的人。

习近平在安徽合肥主持召开知识分子、劳动模范、青年代表座谈会。

他要求广大青年：

① 要自觉践行社会主义核心价值观，不断养成高尚品格。

② 要自觉加强学习，不断增强本领。

③ 要自觉奉献青春，为全面建成小康社会多作贡献。

④ 要保持初生牛犊不怕虎的劲头，不懂就学，不会就练，没有条件就努力创造条件。

习近平来到北京大学考察。他强调，青年要从现在做起、从自己做起，使社会主义核心价值观成为自己的基本遵循，并身体力行大力将其推广到全社会去。

① 要勤学，下得苦功夫，求得真学问。

② 要修德，加强道德修养，注重道德实践。

③ 要明辨，善于明辨是非，善于决断选择。

④ 要笃实，扎扎实实干事，踏踏实实做人。

习近平来到中国航天科技集团公司中国空间技术研究院,同各界优秀青年代表座谈。

他要求广大青年:

① 要坚定理想信念。

② 要练就过硬本领。

③ 要勇于创新创造。

④ 要矢志艰苦奋斗。

⑤ 要锤炼高尚品格。

十八大以来，
习近平对脱贫攻坚作出超强部署

学习进行时

到2020年，让贫困人口和贫困地区同全国人民一道进入全面小康社会，是习近平总书记当前最关心的事情。十八大以来，习近平作出超强部署，在全国范围全面打响了脱贫攻坚战。

6月21日至23日,习近平总书记在山西考察工作。期间他专程前往吕梁山集中连片特困地区调研,并在太原市主持召开深度贫困地区脱贫攻坚座谈会,再次作出超强动员,要求解决深度贫困问题,攻克坚中之坚。

访真贫、扶真贫、真扶贫

——考察调研传递强烈信号

"我到一些贫困地区就要看真贫",习近平多次表示,要了解中国最贫困地方和群众的真实情况。

2012年12月29日,刚刚就任总书记一个多月,习近平便来到河北阜平,专程看望老区困难群众。临行前他明确表示:"不管路多远、条件多艰苦,都要服从于此行的目的。"

根据习近平的要求,领导机关对阜平提出,村民有什么说什么,不能搞"培训",更不能"导演";村民家里也不许搞装饰,不要为这次考察活动添置哪怕一个新板凳。

总书记来了。骆驼湾村年过九旬的老奶奶冯秀荣质朴真切地说:"这么冷的天,总书记还来。"村民唐宗秀回忆,当时,习近平走进屋来,"也没嫌干不干净就坐下来"。

天寒地冻,一盆炭火,总书记和村民在炕上盘腿而坐,关心着村民生活的柴米油盐——这是习近平就任总书记后的第二次外出考察,强烈的信号传递到全国上下。

此后,访真贫、扶真贫、真扶贫成为习近平历次考察调研的一个鲜明特征。

2013年2月2日,习近平来到甘肃定西、临夏等地。定西以及甘肃的河西、宁夏的西海固,被称作"三西",古来就有"瘠苦甲于天下"之称。1997年,习近平曾到过"三西"之一的西海固。当时陪同人员说,到了要注意饮水安全,因为那里的水是咸的,喝了会拉肚子。

这次到甘肃,习近平绕过九曲十八弯,走进贫困农户。他特意端起一瓢水品尝,感受村民真实的生活状况。这水的滋味让习近平紧锁着眉头,场面感染了周围的每个人。

之后，习近平专程来到渭源县引洮供水工程工地视察，他对当地和随行的国家有关部委负责同志说了8个字，"民生为上、治水为要"。

扶贫就是要实打实解决问题。在福建当省委副书记、省长时，习近平就提出了"真扶贫、扶真贫"，十八大以来，这一原则在习近平考察调研的过程中一再突出。

2013年11月，习近平在湖南考察。他沿着狭窄山路辗转来到花垣县十八洞村特困户施齐文家。木屋四壁黝黑，一盏节能灯是唯一"电器"。习近平认了这家的老人石爬专为"大姐"。

2015年6月，习近平到贵州考察。他走进农家，在院子里和百姓拉起家常。习近平真诚表示，"特别想了解老百姓尤其是农民的生活"。他对乡亲们说："党中央制定的政策好不好，要看乡亲们是哭还是笑。"

近日在山西考察，习近平再次走进一间间破旧的土坯房，了解吕梁深度贫困户的状况。村里唯一的水井、村民家里铺了一半的地砖，都引起了习近平的关切。这次到吕梁，也实现了习近平要到全国所有集中连片特困地区"看一看"的愿望。

……

4年多来，5500多万贫困人口摆脱了贫困，对于剩下的贫中之贫、坚中之坚，越到最后，越要啃下难啃的硬骨头。习近平的行动就是最强动员令，访真贫、扶真贫、真扶贫，正是对"撸起袖子加油干"的最好诠释。

超规格会议，超常规部署

——真刀真枪解决问题

脱贫攻坚，习近平最重视的是工作成效，反复强调各级领导干部的责任。他曾对分管领导同志说，得来点儿真的，一个萝卜一个坑，出水才见两腿泥。他严肃强调，没有一点实招、硬招，我很怕这件好事办不好，最后给人民交不了账，给历史交不了账。

十八大以来，习近平频频同各地干部群众座谈，共商脱贫大计，特别是对各级领导干部的责任提出了许多刚性要求。

在阜平考察时，习近平连续召开两场座谈会。座谈中，习近平要求"把帮助困难群众脱贫致富摆在更加突出位置"，同时提出"因地制宜、科学规划、分类指导、因势利导"，明确要求各项扶持政策要进一步向革命老区、贫困地区倾斜。

2015年2月，习近平在陕西考察期间又主持召开陕甘宁革命老区脱贫致富座谈会，会议从下午5点一直持续到将近晚上8点。习近平严肃指出，革命老区是党和人民军队的根，我们永远不能忘记自己是从哪里走来的，各级党委和政府要增强使命感和责任感，把老区发展和老区人民生活改善时刻放在心上，确保老区人民同全国人民一道进入全面小康社会。

抓实责任，习近平最重视抓一把手这个"牛鼻子"。2015年11月，中央扶贫开发工作会议召开，习近平发表重要讲话。这次会议被称为"史上最高规格"的扶贫会，不仅中央7常委全部出席，中西部22个省区市党政一把手还向中央签署了脱贫攻坚责任书。

在考察调研期间召开的扶贫座谈会上，习近平往往还要将相关省区市的党政一把手集中起来，共同研究问题，统一部署工作，明确落实责任，这也日益成为常态。

2015年6月，习近平在贵阳主持召开涉及武陵山、乌蒙山、滇桂黔集中连片特困地区脱贫攻坚座谈会，7个省区市的一把手参会。

2016年7月，习近平在银川主持召开东西部扶贫协作座谈会，有帮扶任务的东部9个省市和9个城市，接受帮扶的西部12个省区市，以及河北省的党委一把手到会。

2017年6月，习近平在太原主持召开深度贫困地区脱贫攻坚座谈会，山西、云南、西藏、青海、新疆5个省、自治区一把手参加并提供书面发言，11位深度贫困地区的市州和县旗一把手代表发言。

习近平强调，军中无戏言。脱贫是有责任制的，层层签了责任状。军令状不能白立，立了就要兑现，没有这一条，谁都能拍拍屁股就走，那就变成流水宴、流水席了。

对于落实责任，习近平提出，巡视督查要跟上，发现问题要动真刀真枪解决。要实施异地检验，脱贫成效不能由本地说了算。组织部门要把脱贫工作考核结果作为干部使用的重要依据，不能干好干坏一个样。

贵在精准、重在精准

——从"滴灌"到"绣花"

2013年11月,习近平到湖南湘西考察时强调,"实事求是、因地制宜、分类指导、精准扶贫",首次提出了"精准扶贫"的重要思想。

习近平形象地说,扶贫不能"手榴弹炸跳蚤","遍撒胡椒面"解决不了大问题。必须变"大水漫灌"为精准"滴灌"。

"一个地方必须有产业,有劳动力,内外结合才能发展。最后还是要能养活自己"。由单纯的"输血"到既"输血"又"造血",是习近平扶贫思路的重要内涵,也是精准扶贫思想的集中体现。

在习近平的动员部署下,十八大以来,一系列针对性强的"滴灌式"创新举措密集出台。扶贫工作从笼统的政策、资金扶贫到大力发展特色产业脱贫、交通扶贫、电商扶贫等因地制宜扶贫,因人因地施策,因贫困原因施策,因贫困类型施策,精准扶贫思想引领下"造血"扶贫模式正在不断取得实效。

在扶贫工作推进的过程中,"精准扶贫"的重要思想也在不断丰富、深化。

2015年6月,习近平在贵阳主持召开部分省区市党委主要负责同志座谈会时强调,"扶贫开发贵在精准,重在精准,成败之举在于精准"。他提出要在扶持对象精准、项目安排精准、资金使用精准、措施到户精准、因村派人(第一书记)精准、脱贫成效精准,要求各地都从"6个精准"上想办法、出实招、见真效。

2016年7月,习近平在银川主持召开东西部扶贫协作座谈会时强调,东西部扶贫协作和对口支援,是推动区域协调发展、协同发展、共同发展的大战略,是加强区域合作、优化产业布局、拓展对内对外开放新空间的大布局,是实现先富帮后富、最终实现共同富裕目标的大举措,必须长期坚持下去。

这次座谈会上,习近平提出"提高认识,加强领导""完善结对,深化帮扶""明确重点,精准聚焦""加强考核,确保成效"等4点要求,为东西部扶贫协作和对口支援中如何继续聚焦精准提供了重要遵循。

在脱贫工作"攻克最后堡垒"的阶段，面对贫中之贫、困中之困，2017年全国两会，习近平又进一步阐释说，脱贫攻坚需要下一番"绣花"功夫，扶持谁、谁来扶、怎么扶、如何退，"全过程都要精准"。

此次在太原主持召开深度贫困地区脱贫攻坚座谈会，习近平提出合理确定脱贫目标，加大投入支持力度，集中优势兵力打攻坚战，区域发展必须围绕精准扶贫发力，加大各方帮扶力度，加大内生动力培育力度，加大组织领导力度，加强检查督查8条要求。8条要求，实是如何在这8个方面精准发力，确保深度贫困地区和贫困群众同全国人民一道进入全面小康社会。

（新华网记者 王子晖）

2017年6月28日

学习进行时·习语图解

这件事，
习近平多次专门
召开座谈会

十八大以来，习近平在考察调研中，为了一件事情多次召集相关地区主要领导同志集中座谈，共商大计，作出强力部署。这件事就是"脱贫"。

新华网数据新闻部　学习进行时　联合出品

阜平座谈会

习近平抵达阜平后,连夜在县城简陋的会议室召开小型座谈会,听取河北省、保定市、阜平县经济社会发展尤其是扶贫工作情况汇报。

2012年12月29日 · 河北阜平

🎤 **习近平说**

- 全面建成小康社会,最艰巨最繁重的任务在农村,特别是在贫困地区。
- 没有农村的小康,特别是没有贫困地区的小康,就没有全面建成小康社会。
- 各级党委和政府要增强做好扶贫开发工作的责任感和使命感,做到有计划、有资金、有目标、有措施、有检查。

延安座谈会

习近平春节前夕到陕西看望慰问群众期间,特意提出要找当年陕甘宁革命老区所属范围的市县领导人一起开会,了解情况,明确思路,推进工作。

来自陕西、甘肃、宁夏的24位市县委书记参会。

2015年2月13日 · 陕西延安

🎤 习近平说

- 革命老区是党和人民军队的根,我们永远不能忘记自己是从哪里走来的。
- 我们要实现第一个百年奋斗目标,全面建成小康社会,没有老区的全面小康,没有老区贫困人口脱贫致富,那是不完整的。
- 各级党委和政府要增强使命感和责任感,把老区发展和老区人民生活改善时刻放在心上。

贵阳座谈会

习近平在贵州调研期间专门主持召开这次涉及武陵山、乌蒙山、滇桂黔集中连片特困地区扶贫攻坚座谈会。

湖北、湖南、广西、重庆、四川、贵州、云南7个省区市党委书记参会。

2015年6月18日 · 贵州贵阳

习近平说

- 扶贫开发工作已进入啃硬骨头、攻坚拔寨的冲刺期。形势逼人,形势不等人。
- 各级党委和政府必须增强紧迫感和主动性,在扶贫攻坚上进一步理清思路、强化责任,采取力度更大、针对性更强、作用更直接、效果更可持续的措施,特别要在精准扶贫、精准脱贫上下更大功夫。
- "4个切实":

  切实落实领导责任

  切实做到精准扶贫

  切实强化社会合力

  切实加强基层组织

东西部扶贫协作座谈会

　　习近平在宁夏调研期间专门召开这次座谈会，部署进一步做好东西部扶贫协作和对口支援工作。

　　有帮扶任务的东部9个省市和9个城市的党委书记、接受帮扶的西部12个省区市党委书记、京津冀协同发展对口帮扶的河北省委书记、中央和国家机关有关部门负责同志参会。

2016年7月21日 · 宁夏银川

🎙 习近平说

- 东西部扶贫协作和对口支援,是推动区域协调发展、协同发展、共同发展的**大战略**,是加强区域合作、优化产业布局、拓展对内对外开放新空间的**大布局**,是实现先富帮后富、最终实现共同富裕目标的**大举措**。

- 4点要求

　　　　　　　提高认识,加强领导。

　　　　　　　完善结对,深化帮扶。

　　　　　　　明确重点,精准聚焦。

　　　　　　　加强考核,确保成效。

习近平说

- 18个"实"

领导工作要实,做到谋划实、推进实、作风实,求真务实,真抓实干。

任务责任要实,做到分工实、责任实、追责实,分工明确,责任明确,履责激励,失责追究。

资金保障要实,做到投入实、资金实、到位实,精打细算,用活用好,用在关键,用出效益。

督查验收要实,做到制度实、规则实、监督实,加强检查,严格验收,既不拖延,也不虚报。

深度贫困地区脱贫攻坚座谈会

习近平在山西考察期间主持召开这次座谈会,听取脱贫攻坚进展情况汇报,集中研究破解深度贫困之策。

山西、云南、西藏、青海、新疆5省区党委书记,山西吕梁、江西赣州、湖北恩施、湖南湘西、四川凉山、甘肃定西、河北康保、内蒙古科尔沁右翼中旗、广西都安、陕西山阳、宁夏同心等11个深度贫困地区的市州和县旗党委书记参会。

2017年6月23日 · 山西太原

习近平说

- 脱贫攻坚本来就是一场硬仗，深度贫困地区脱贫攻坚更是这场硬仗中的硬仗，必须给予更加集中的支持，采取更加有效的举措，开展更加有力的工作。

- 4点坚持：

  坚持精准扶贫精准脱贫基本方略

  坚持中央统筹、省负总责、市县抓落实的管理体制

  坚持党政一把手负总责的工作责任制

  坚持专项扶贫、行业扶贫、社会扶贫等多方力量、多种举措有机结合和互为支撑的"三位一体"大扶贫格局

- 8条要求：

    合理确定脱贫目标

    加大投入支持力度

    集中优势兵力打攻坚战

    区域发展必须围绕精准扶贫发力

    加大各方帮扶力度

    加大内生动力培育力度

    加大组织领导力度

    加强检查督查

十八大以来，
习近平这样部署军民融合

学习进行时

十八大以来，习近平着眼于实现强军梦、中国梦，鲜明地提出了军民深度融合的时代命题，并将之上升为国家战略，开创了军民融合式发展新局面。

> 学习进行时
> ·治国理政"大棋局"·

"当前和今后一个时期是军民融合的战略机遇期,也是军民融合由初步融合向深度融合过渡、进而实现跨越发展的关键期。"习近平在中央军民融合发展委员会第一次全体会议指出。

党的十八大以来,随着军民融合的不断深入推进,曾听上去"高大上"的军工正逐步走下"神坛"。"军转民"在提速,"民参军"正热火朝天。习近平审时度势,擘画军民融合的宏伟蓝图,为其发展搭建起"四梁八柱"。

"富国"与"强军"的统一

当前,世界主要国家在综合国力竞争中,大力推进军民融合或军民一体化,以实现军事能力整体跃升和国家经济实力增强的双赢,进而实现长期的国防安全。

美国是其中之一。据了解,美国85%的现代军事核心技术同时也是民用关键技术,80%以上生产军用品的企业同时也在生产民用品。

在新军事革命的影响下,世界主要国家的武器装备建设也从机械化时代向信息化时代迈进。信息化条件下的军事对抗，不仅是军事体系的直接对抗和较量，更表现为以国家整体实力为基础的大体系对抗。

军民融合的时代命题，应时而生。

对此，习近平强调，必须立足国情军情，走出一条中国特色军民融合路子，把军民融合发展理念和决策部署贯彻落实到经济建设和国防建设全领域全过程。

国防科技和武器装备领域是军民融合发展的重点，也是衡量军民融合发展水平的重要标志。

军民融合发展核心在于一个"融"字，这就意味着不是简单化的叠加和捆绑，而是要在经济建设中贯彻国防需求，使国防和军队现代化建设拉动经济发展。

军队要遵循国防经济规律和信息化条件下战斗力建设规律，自觉将国防和军队建设融入经济社会发展体系。地方要自觉把经济布局调整同国防布局完善有机结合起来。

富国才能强军，强军才能卫国。要统筹经济建设和国防建设，努力实现富国和强军的统一，习近平要求，进一步做好军民融合式发展这篇大文章。

向重点领域聚焦用力

"进一步做好军民融合式发展这篇大文章,坚持需求牵引、国家主导,努力形成基础设施和重要领域军民深度融合的发展格局。"2013年,习近平在出席十二届全国人大一次会议解放军代表团全体会议时,对军民融合发展提出"深度融合"的更高要求。

"深度融合"是军民融合思想的发展与深化。2015年,习近平在出席十二届全国人大三次会议解放军代表团全体会议时再次强调,今后一个时期军民融合发展,总的是要加快形成全要素、多领域、高效益的军民融合深度发展格局,丰富融合形式,拓展融合范围,提升融合层次。

习近平说得很明确。"全要素、多领域、高效益"是格局,"丰富融合形式、拓展融合范围、提升融合层次"是方向,这一要求为新时期国防和军队建设发展方式的转变提供了遵循。

习近平指出,推动军民融合深度发展,必须向重点领域聚焦用力，以点带面推动整体水平提升。基础设施建设和国防科技工业、武器装备采购、人才培养、军队保障社会化、国防动员等领域军民融合潜力巨大，要强化资源整合力度，盘活用好存量资源，优化配置增量资源，发挥军民融合深度发展的最大效益。

上升为国家战略

2017年6月，习近平在主持召开中央军民融合发展委员会第一次全体会议时强调，各有关方面一定要抓住机遇，开拓思路，在"统"字上下功夫，在"融"字上做文章，在"新"字上求突破，在"深"字上见实效，把军民融合搞得更好一些、更快一些。

"统、融、新、深"，是习近平为军民融合发展开出的四剂药方，同时也标志着军民融合战略思路的成熟。

2015年，习近平首次提出，把军民融合发展上升为国家战略。

习近平出席十二届全国人大三次会议解放军代表团

全体会议时说，我国军民融合发展刚进入由初步融合向深度融合的过渡阶段，还存在思想观念跟不上、顶层统筹统管体制缺乏、政策法规和运行机制滞后、工作执行力度不够等问题。

2017年，习近平再次强调，把军民融合发展上升为国家战略，是我们长期探索经济建设和国防建设协调发展规律的重大成果，是从国家发展和安全全局出发作出的重大决策，是应对复杂安全威胁、赢得国家战略优势的重大举措。

习近平用三个"重大"指明，军民融合上升为国家战略，关乎国家安全和发展全局，既是兴国之举，又是强军之策。

中央军民融合发展委员会应运而生。

习近平强调，在中央层面加强对军民融合发展集中统一领导。要以机制和政策制度改革为抓手，坚决拆壁垒、破坚冰、去门槛，破除制度藩篱和利益羁绊，构建系统完备的科技军民融合政策制度体系。

唯有立足国情军情、发挥社会主义制度优越性，才能在国家治理现代化的基础上实现经济和国防两大建设的融合发展。

加快建立军民融合创新体系

　　科技进步深刻改变着人类生产生活方式,也深刻影响着世界军事发展方向。随着科学技术快速发展,国家战略竞争力、社会生产力、军队战斗力的耦合关联越来越紧,国防经济和社会经济、军用技术和民用技术的融合度必将越来越深。

　　十八大以来,军民融合发展取得一个又一个骄人实绩。

　　神舟飞船和"蛟龙号"载人深潜器,使中国人实现上能九天揽月、下可五洋捉鳖的梦想;北斗导航和风云卫星,让我们拥有了太空中的"千里眼"和"精算师";C919首飞,实现了国产大型客机"零的突破";硬X射线调制望远镜卫星"慧眼"成功发射,实现了我国在空间高能天体物理领域由地面观测向天地联合观测的跨越;整体精密铸造技术、碳纤维及其复合材料核心技术带给我们无限遐想……

正如习近平所言,我们完全有条件把科技领域军民融合搞得更好一些、更快一些。

2017年3月,习近平在出席十二届全国人大五次会议解放军代表团全体会议时强调,深入实施军民融合发展战略,开展军民协同创新,推动军民科技基础要素融合,加快建立军民融合创新体系,下更大气力推动科技兴军,坚持向科技创新要战斗力,为我军建设提供强大科技支撑。

不是碎片似的、一枝一叶的局部创新,而是要"加快建立军民融合创新体系"。建立"创新体系",就是"把创新摆在我军建设发展全局的重要位置",是军民融合发展全局之要。

习近平指出:"我们必须增强紧迫感,以更大决心和力度抓紧推动科技创新和进步。"

时不我待。

(新华网 黄玥 王雪)

2017年7月26日

　　8月1日,庆祝中国人民解放军建军90周年大会隆重举行,习近平发表重要讲话。他赞扬了人民军队为中国人民求解放、求幸福,为中华民族谋独立、谋复兴建立的伟大历史功勋,阐述了人民军队发展壮大、克敌制胜的传家法宝和力量所在,提出了推进强军事业、把人民军队建设成为世界一流军队必须牢牢把握的根本要求。

学习进行时·习语图解

人民军队：
从历史走向未来

一图读懂习近平在庆祝
建军90周年大会上的讲话

新华网数据新闻部　学习进行时　联合出品

人民军队的三大历史功勋

90年来,人民军队历经硝烟战火,一路披荆斩棘,付出巨大牺牲,取得一个又一个辉煌胜利,为党和人民建立了伟大的历史功勋。

◆ 以鲜血和生命为建立人民当家作主的新中国奠定了牢固根基,彻底扭转了中华民族近代以来落后挨打的被动局面。

◆ 为巩固新生人民政权、形成中国大国地位、维护中华民族尊严提供了坚强后盾。

◆ 为维护中国共产党领导和我国社会主义制度,为维护国家主权、安全、发展利益,为维护我国发展的重要战略机遇期,为维护地区和世界和平提供了强大力量支撑。

从胜利走向胜利彰显六种伟大力量

90年来,在长期实践中,人民军队在党的旗帜下前进,形成了一整套建军治军原则,发展了人民战争的战略战术,培育了特有的光荣传统和优良作风。这是人民军队从胜利走向胜利的传家法宝,是人民军队必须永志不忘的红色血脉。

- 人民军队从胜利走向胜利,彰显了中国共产党领导的伟大力量。
- 人民军队从胜利走向胜利,彰显了理想信念的伟大力量。
- 人民军队从胜利走向胜利,彰显了改革创新的伟大力量。
- 人民军队从胜利走向胜利,彰显了战斗精神的伟大力量。
- 人民军队从胜利走向胜利,彰显了革命纪律的伟大力量。
- 人民军队从胜利走向胜利,彰显了军民团结的伟大力量。

六个"必须"推进强军事业

中华民族走出苦难、中国人民实现解放,有赖于一支英雄的人民军队;中华民族实现伟大复兴、中国人民实现更加美好生活,必须加快把人民军队建设成为世界一流军队。我们要不忘初心、继续前进,坚定不移走中国特色强军之路,把强军事业不断推向前进。

◆ 推进强军事业,必须毫不动摇坚持党对军队的绝对领导,确保人民军队永远跟党走。

◆ 推进强军事业,必须坚持和发展党的军事指导理论,不断开拓马克思主义军事理论和当代中国军事实践发展新境界。

◆ 推进强军事业,必须始终聚焦备战打仗,锻造召之即来、来之能战、战之必胜的精兵劲旅。

◆ 推进强军事业，必须坚持政治建军、改革强军、科技兴军、依法治军，全面提高国防和军队现代化水平。

◆ 推进强军事业，必须深入推进军民融合发展，构建军民一体化的国家战略体系和能力。

◆ 推进强军事业，必须坚持全心全意为人民服务的根本宗旨，始终做人民信赖、人民拥护、人民热爱的子弟兵。

十八大以来，
习近平大力推进共享发展

学习进行时

十八大以来的5年，以习近平同志为核心的党中央把人民放在最高位置，坚持发展为了人民、发展依靠人民、发展成果由人民共享，不断把为人民造福事业推向前进。

"我们的人民热爱生活，期盼有更好的教育、更稳定的工作、更满意的收入、更可靠的社会保障、更高水平的医疗卫生服务、更舒适的居住条件、更优美的环境，期盼着孩子们能成长得更好、工作得更好、生活得更好。人民对美好生活的向往，就是我们的奋斗目标。"

当选中共中央总书记当天，习近平面对500多位中外记者说的这段话温暖了亿万人心。

5年来，以习近平同志为核心的党中央把人民放在最高位置，大力推进共享发展，不断回应人民的心愿期盼，不断使改革发展成果更多更公平惠及全体人民。

顺应人民对美好生活的向往

明确为什么人、靠什么人，是一切发展的前提。"五大发展理念"中，坚持共享发展，就是要坚持发展为了人民、发展依靠人民、发展成果由人民共享。

习近平强调，要把人民拥护不拥护、赞成不赞成、高兴不高兴、答应不答应作为衡量一切工作得失的根本标准。具体到发展理念中，就是要坚持以人民为中心的发展思想。

5年来，习近平一系列重要讲话，始终高度重视人民的地位和力量。

他引用古代政治格言——"得众则得国，失众则失国""水能载舟，亦能覆舟"……也讲朴素的大白话——"老百姓是天，老百姓是地""人民群众是我们力量的源泉"……

反复强调，就是要求始终把人民利益摆在至高无上的地位，就是要告诫全党"不能忘记为什么出发"。

习近平曾指出，一个政党，如一个人一样，最宝贵的是历尽沧桑，还怀有一颗赤子之心。"7·26"重要讲话中，习近平从9个方面深刻阐述了5年来党和国家事业发生的历史性变革。9方面的工作，归根到底都是为了人民福祉，都是为了增加全体人民的获得感。他进一步指出，经过改革开放近40年的发展，我国社会生产力水平明显提高；人民生活显著改善，对美好生活的向往更加强烈，人民群众的需要呈现多样化多层次多方面的特点。

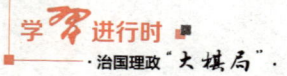

习近平提出的一系列新的重要思想、重要观点、重大判断、重大举措,其本质就是要顺应人民对美好生活的向往。

全面小康一个都不能少

虽然我国已成为世界第二大经济体,从发展水平上讲已经达到"小康",但仍有数千万人口生活在国家扶贫标准线以下,特别是相当一部分人口还处于深度贫困之中。

到2020年全面建成小康社会,实现第一个百年奋斗目标,是我们党向人民、向历史作出的庄严承诺。全面小康,首要的是覆盖的人口要全面。

习近平多次指出:"没有全民小康,就没有全面小康""小康不小康、关键看老乡""实现全面小康,一个民族都不能少"……

这5年,党中央把贫困人口脱贫作为全面建成小康社会的底线任务和标志性指标,全面打响了脱贫攻坚战。5年中,习近平考察调研去得最多的就是贫困地区。

篇二

2012年12月，当选总书记后一个多月，习近平就冒着严寒来到河北阜平县看望慰问困难群众。他在考察中指出："全面建成小康社会，最艰巨最繁重的任务在农村、特别是在贫困地区。没有农村的小康，特别是没有贫困地区的小康，就没有全面建成小康社会。"他特别强调，"大家要深刻理解这句话的含义。"

"我们不能一边宣布全面建成了小康社会，另一边还有几千万人口的生活水平处在扶贫标准线以下，这既影响人民群众对全面建成小康社会的满意度，也影响国际社会对我国全面建成小康社会的认可度。"在关于制定"十三五"规划建议的说明中，习近平这样指出。

5年来，从太行山深处的骆驼湾村、顾家台村到甘肃渭源县元古堆村、东乡县布楞沟村，从安徽金寨县大湾村到山西岢岚县赵家洼村……习近平深入中国最贫困地方了解群众的真实情况，"真扶贫、扶真贫"的强烈信号传到全国上下。与此同时，一系列重大部署强力推进。

2015年2月和6月，习近平在陕西和贵州考察期间，分别在延安和贵阳主持召开涉及扶贫开发工作的座谈会，明确了工作思路和工作重点。

2016年7月，习近平在银川主持召开东西部扶贫协作座谈会。他指出，东西部扶贫协作和对口支援，是推动区域协调发展、协同发展、共同发展的大战略，是加强区域合作、优化产业布局、拓展对内对外开放新空间的大布局，是实现先富帮后富、最终实现共同富裕目标的大举措，必须认清形势、聚焦精准、深化帮扶、确保实效，切实提高工作水平，全面打赢脱贫攻坚战。

2017年6月，习近平在太原主持召开深度贫困地区脱贫攻坚座谈会。他强调，以解决突出制约问题为重点，强化支撑体系，加大政策倾斜，聚焦精准发力，攻克坚中之坚，确保深度贫困地区和贫困群众同全国人民一道进入全面小康社会。

保障和改善民生没有终点

促进人的全面发展是"全面小康"的题中之意，保障和改善民生至关重要。

民生无小事，枝叶总关情。习近平要求各级干部要多谋民生之利，多解民生之忧，强调要把群众的安危冷暖时刻放在心上，把党和政府的温暖送到千家万户。

这5年，习近平都格外关注民生问题。2015年两会参加江西代表团审议，他详细了解畲族群众农家乐办起来没有；2016年两会在湖南代表团，他连续追问十八洞村大龄男青年的"脱单"问题；2017年两会在四川代表团，他谈到凉山州"悬崖村"，说"感到很揪心"，了解到当地建了新的铁梯，才表示"心里稍稍松了一些"……

习近平指出，抓民生就是要抓住人民最关心最直接最现实的利益问题，抓住最需要关心的人群，一件事情接着一件事情办、一年接着一年干，锲而不舍向前走。

5年来，以习近平同志为核心的党中央坚持走有"中国特色、世界水平的现代教育"之路，以促进公平、提高质量为战略重点，以优先发展、改革创新为重要保障，一幅学有所教、人人出彩的"教育画卷"灿然展开。

5年来，以习近平同志为核心的党中央从维护全民健康和实现长远发展出发，在深化医药卫生体制改革不断

取得新进展的基础上,提出了"推进健康中国建设"的新目标、新方向。一项项新政策新举措,正在进一步密实13亿多人民的健康保障网,丰富"健康中国"的大格局新构想。

……

正如习近平所强调的,"保障和改善民生没有终点,只有连续不断的新起点"。

(新华网记者 王子晖)
2017年9月27日

十八大以来，
习近平这样谋划"一带一路"建设

学习进行时

今年是"一带一路"倡议提出4周年。回首4年来，从顶层设计到推进落实，在习近平的精心谋划下，"一带一路"在发展中不断完善，在合作中不断成长。

2013年金秋9月，习近平出访哈萨克斯坦，在纳扎尔巴耶夫大学提出用创新的合作模式共同建设"丝绸之路经济带"；同年10月，习近平出访东盟，在印度尼西亚提出发展好海洋合作伙伴关系，共同建设"21世纪海上丝绸之路"。自此，"一带一路"倡议逐步走进世界视野。

今年是"一带一路"倡议提出4周年。回首4年来，从顶层设计到推进落实，在习近平的精心谋划下，"一带一路"在发展中不断完善，在合作中不断成长。

三个"共"，共同续写丝路传奇

千百年来，绵延万里的古丝绸之路见证了陆上"使者相望于道，商旅不绝于途"的盛况，也见证了海上"舶交海中，不知其数"的繁华。

"只要坚持团结互信、平等互利、包容互鉴、合作共赢，不同种族、不同信仰、不同文化背景的国家完全可以共享和平，共同发展"，习近平指出，"这是古丝绸之路留给我们的宝贵启示"。

■ 篇二

古丝绸之路之所以能造福沿线人民,正是源于沿线各国相向而行,互利共赢。十八大以来,无论是在国外出访还是国内会议,习近平始终把"共商、共建、共享"这三个"共"作为推进"一带一路"建设的基本原则。

2014年6月,在中阿合作论坛第六届部长级会议开幕式上,习近平提出"中阿共建'一带一路',应该坚持共商、共建、共享原则"。9月,在印度世界事务委员会发表重要演讲时,习近平指出,"一带一路"倡议就是要以加强传统陆海丝绸之路沿线国家互联互通,实现经济共荣、贸易互补、民心相通,"希望以'一带一路'为双翼,同南亚国家一道实现腾飞"。

"'一带一路'建设秉持的是共商、共建、共享原则,不是封闭的,而是开放包容的;不是中国一家的独奏,而是沿线国家的合唱"。在博鳌亚洲论坛2015年年会开幕式上,习近平发出真诚邀约,欢迎沿线国家和亚洲国家积极参与"一带一路"建设,欢迎五大洲朋友共襄盛举。在新加坡国立大学发表演讲时,习近平再次强调"一带一路"是发展的倡议、合作的倡议、开放的倡议,强调共商、共建、共享的平等互利方式,欢迎周边国家参与到合作中来,携手实现和平、发展、合作的愿景。

2016年,在推进"一带一路"建设工作座谈会上,习近平强调,要"坚持各国共商、共建、共享,遵循平等、追求互利",牢牢把握重点方向,聚焦重点地区、重点国家、重点项目,抓住发展这个最大公约数,不仅造福中国人民,更造福沿线各国人民。

桃李不言,下自成蹊。在习近平的推动下,共商、共建、共享原则逐步被许多国家所认可。4年来,全球100多个国家和国际组织积极支持和参与"一带一路"建设,联合国大会、联合国安理会等重要决议也纳入"一带一路"建设内容。

2017年5月,"一带一路"国际合作高峰论坛在北京举行,29个国家的元首和政府首脑,140多个国家、80多个国际组织的1600多名代表共赴盛会。在开幕式上,习近平用4年来"一带一路"取得的丰硕成果向世界表明,"一带一路"倡议顺应时代潮流,适应发展规律,符合各国人民利益,具有广阔前景,标志着共建"一带一路"倡议已经进入从理念到行动、从规划到实施的新阶段。

千年丝路再一次焕发出蓬勃生机。意大利前总理罗马诺·普罗迪说,"作为一个意大利人,这是历史的一个记忆。当年的丝绸之路,是从威尼斯到中国,而现在(丝绸之路)又回来了"。

五个"通",让"一带一路"联通世界

"自古以来,互联互通就是人类社会的追求"。

2013年,在古丝绸之路经由地哈萨克斯坦,习近平发起共建"丝绸之路经济带"的倡议,强调从"加强政策沟通、加强道路联通、加强贸易畅通、加强货币流通、加强民心相通"五个方面先做起来,"以点带面,从线到片,逐步形成区域大合作"。

2014年,习近平在主持加强互联互通伙伴关系对话会时指出,共同建设丝绸之路经济带和21世纪海上丝绸之路与互联互通相融相近、相辅相成,"如果将'一带一路'比喻为亚洲腾飞的两只翅膀,那么互联互通就是两

只翅膀的血脉经络"。

2016年，在秘鲁利马出席亚太经合组织工商领导人峰会时，习近平指出，中国将同各方一道，推进政策沟通、道路联通、贸易畅通、货币流通、民心相通，实现发展战略对接，深化互利合作，为区域经济发展和民生改善注入强大动力。

中国同40多个国家和国际组织签署了合作协议，同30多个国家开展机制化产能合作。中国对"一带一路"沿线国家投资累计超过500亿美元。亚洲基础设施投资银行已经为"一带一路"建设参与国的9个项目提供17亿美元贷款，"丝路基金"投资达40亿美元。中国企业已经在20多个国家建设56个经贸合作区，为有关国家创造近11亿美元税收和18万个就业岗位⋯⋯

4年来，"一带一路"建设成果超出预期，经济走廊建设稳步推进，互联互通网络逐步成型，贸易投资大幅增长，重要项目合作稳步实施，习近平擘画的"区域大合作"正在逐步形成。

习近平坚定表示，"一带一路"建设，倡导不同民族、不同文化要"交而通"，而不是"交而恶"。

篇二

十八大以来，除了在国际场合大力宣介"一带一路"，习近平还在国内专门召开座谈会、组织政治局集体学习等，对全面推进"一带一路"建设作出一系列强力部署。

"'一带一路'建设是我国在新的历史条件下实行全方位对外开放的重大举措、推行互利共赢的重要平台"。在中共中央政治局第三十一次集体学习时，习近平提出"一带一路"建设既要确立国家总体目标，也要发挥地方积极性，要以创新的理念和创新的思维，扎扎实实做好各项工作。

在参加十二届全国人大五次会议上海代表团审议时，习近平指出，要努力把上海自由贸易试验区建设成为开放和创新融为一体的综合改革试验区，成为服务国家"一带一路"建设、推动市场主体走出去的桥头堡。

在广西考察时，习近平强调，一定要把北部湾港口建设好、管理好、运营好，以一流的设施、一流的技术、一流的管理、一流的服务，为广西发展、为"一带一路"建设、为扩大开放合作多作贡献。

百花齐放春满园。4年来，随着"一带一路"建设逐

步推进,互联互通的理念传遍世界、不断深入人心。

一个"最高目标",构建人类命运共同体

"'一带一路'建设已经初步完成规划和布局,正在向落地生根、深耕细作、持久发展的阶段迈进"。2016年6月,习近平在乌兹别克斯坦最高会议立法院演讲时,强调要"推动'一带一路'建设向更高水平、更广空间迈进"。

大道之行也,天下为公。习近平谋求的"更高水平"和"更广空间"不止是合作上的更深一步,还是对中华民族传统文化中"美美与共,天下大同"理念的进一步追求。

十八大以来,习近平提出的"命运共同体"理念,正与"大同社会"的思想一脉相承,强调"一带一路"建设要"把我国发展同沿线国家发展结合起来,把中国梦同沿线各国人民的梦想结合起来,赋予古代丝绸之路以全新的时代内涵"。

2016年11月,第71届联合国大会通过决议,以共

商、共建、共享为原则，以和平合作、开放包容、互学互鉴、互利共赢的丝绸之路精神为指引，以打造命运共同体和利益共同体为合作目标的"一带一路"倡议被首次写入，得到193个会员国一致赞同。3个月后，联合国社会发展委员会第五十五届会议协商一致通过决议，首次写入"构建人类命运共同体"理念。

2017年5月，习近平在"一带一路"国际合作高峰论坛圆桌峰会上指出，在"一带一路"建设国际合作框架内，各方秉持共商、共建、共享原则，携手应对世界经济面临的挑战，开创发展新机遇，谋求发展新动力，拓展发展新空间，实现优势互补、互利共赢，不断朝着人类命运共同体方向迈进。"这是我提出这一倡议的初衷，也是希望通过这一倡议实现的最高目标"，习近平强调。

"我们正走在一条充满希望的道路上。我相信，只要我们相向而行，心连心，不后退，不停步，我们终能迎来路路相连、美美与共的那一天。我相信，我们的事业会像古丝绸之路一样流传久远、泽被后代"，习近平动情地说。

4年的实践雄辩地证明,"一带一路"正以开放包容的宽广胸怀,承载着构建人类命运共同体的伟大梦想,拥抱未来。

(新华网　金佳绪　熊天慧)

2017年10月3日

十八大以来，

习近平这样推进"法治中国"建设

> 学习进行时

"小智治事，中智治人，大智立法。"党的十八大以来，习近平总书记把依法治国摆在党和国家工作全局的关键位置来谋划、推进，先后作出许多部署，勾勒出法治中国建设的新图景。

大国治理,机杼万端。在中国这个占世界人口近五分之一的泱泱大国,如何做到人人尊法、懂法、守法、用法,是世界法治史上独一无二的课题。

民为主体 彰显全面依法治国的本质特征

"党的十八大强调,依法治国是党领导人民治理国家的基本方略,法治是治国理政的基本方式,要更加注重发挥法治在国家治理和社会管理中的重要作用,全面推进依法治国,加快建设社会主义法治国家。"2012年12月4日,在履新之初,习近平总书记出席首都各界纪念现行宪法公布施行三十周年大会时,发出了全面推进依法治国的动员令。

十八大以来,无论是出席中央会议,或是赴国内外考察访问时,依法治国成为习近平频频提及的词汇:

"我国社会主义制度保证了人民当家作主的主体地位,也保证了人民在全面推进依法治国中的主体地位。"

"全面推进依法治国是关系我们党执政兴国、关系人民幸福安康、关系党和国家长治久安的重大战略问题，是完善和发展中国特色社会主义制度、推进国家治理体系和治理能力现代化的重要方面。"

"公平正义是我们党追求的一个非常崇高的价值，全心全意为人民服务的宗旨决定了我们必须追求公平正义，保护人民权益、伸张正义。全面依法治国，必须紧紧围绕保障和促进社会公平正义来进行。"

……

"人"字当先，"民"字为重。这些阐述，体现出习近平对依法治国基本方略本质特征的深邃思考。贯彻以人民为中心的发展思想，为了人民、依靠人民、造福人民，正是法治中国始终高扬的旗帜。

"依法治国，本质上是党领导人民治理国家和社会，管理经济和文化事业，保证人民主体地位，实现人民当家作主的基本途径和根本保障。坚持人民主体地位，保证人民当家作主，实现人民幸福生活，这是党治国理政的内在要求，是全面依法治国的本质特征。"中国社科院学部委员、法学研究所所长李林这样解读。

五年来，我国法治建设的步伐一步步向前，让公平正义更可见可感，让法治观念更深入人心。据中央政法委秘书长汪永清介绍，人民群众安全感持续增强，对社会治安的满意度从2012年的87.55%上升到2016年的91.99%；对司法公正的认可度也明显提高，上诉率、改判发回率明显下降。

立法为民　筑牢法治中国大厦地基

"小智治事，中智治人，大智立法。"面对群众关注的"难点"，经济社会发展的"堵点"，立法领域要如何明确取向、定纷止争？

党的十八届四中全会提出了建设法治中国的目标，把实现"科学立法、严格执法、公正司法、全民守法"作为全面推进依法治国的重点任务，标志着我国的法治建设立于新的历史起点上。

四中全会决定中明确提出编纂民法典的重大立法任务。习近平亲自主持召开会议、作出重要指示，为编纂民法典和制定民法总则提供了重要指导和基本遵循。"要加强重点领域立法，及时反映党和国家事业发展要求、人民群众关切期待，对涉及全面深化改革、推动经济发展、完善社会治理、保障人民生活、维护国家安全的法律抓紧制定、及时修改。"

民法典是一个国家法律体系成熟的重要标志。2017年3月15日，第十二届全国人民代表大会第五次会议通过民法总则，习近平签署第66号主席令予以公布。中国民法典的开篇之作——《中华人民共和国民法总则》自此诞生，于10月1日起施行。

具有里程碑意义的民法总则制定出台后，得到社会各界的高度评价和支持拥护。全国人大常委会法工委副主任张荣顺认为，民法总则对民事权利提供了全面的保护，是党的根本宗旨在民事法律领域的集中体现。中国人民大学常务副校长王利明也表示，从体系结构来看，民法总则关于民事权利、民事义务的规则设计都是以人为中心而展开的。

"人民群众对立法的期盼，已经不是有没有，而是好不好、管不管用、能不能解决实际问题；不是什么法都能治国，不是什么法都能治好国；越是强调法治，越是要提高立法质量。"2013年2月23日，习近平在中共中央政治局第四次集体学习强调。

人民有所呼,立法有所应。党的十八大至今,立法领域呈现出数量多、分量重、节奏快的特点,为经济社会发展保驾护航,生动诠释了立法为民的理念:

人口与计划生育法的修改决定通过,"全面两孩"政策得以实施;食品安全法及时修订,建立起最严格的、覆盖全程的食品安全监管制度;行政诉讼法施行24年来迎来首次大修,重点解决"民告官"立案难、审理难、执行难等问题;居住证暂行条例施行,"暂住证"时代落幕;环境保护法全面修订,治理污染露出锋利"牙齿";电影产业促进法表决通过,电影大国迎来"关键帧"……

汪永清介绍,截至2017年6月底,十二届全国人大及其常委会制定法律20件,修改法律101件次,通过有关法律问题和重大问题决定36件,作出法律解释9件;国务院制定修订行政法规43部,以"一揽子"方式修订行政法规125部。

"立善法于天下,则天下治;立善法于一国,则一国治。"社会生活气象万千,一件件立法成果应时而生，体现着人民意愿和利益的"最大公约数"，一个个法律空隙被及时填补，夯实着全面推进依法治国的坚固基石，凝聚着民族复兴的制度伟力，中国特色社会主义法律体系由此进一步完善。

牵"牛鼻子" 以改革密织司法运行网

"天下之事，不难于立法，而难于法之必行。"司法运行是维护社会公平正义的最后一道防线。十八大以来，司法体制改革作为全面推进依法治国的重要组成，与群众对公平正义的呼声同频共振，与社会主义法治国家建设同期俱进。

对于司法体制改革这一系统工程，习近平多次作出重要指示，敦促使其向着公正高效权威的目标扎实迈进，让公平正义的阳光普照。

2014年1月7日，习近平在中央政法工作会议上指出："建立符合职业特点的司法人员管理制度，在深化司法体制改革中居于基础性地位，是必须牵住的'牛鼻子'。"

他明确提出坚持依法治国、依法执政、依法行政共同推进，坚持法治国家、法治政府、法治社会一体建设的工作布局。不仅强调了"紧紧牵住牛鼻子"这一要务，且对各支法治队伍作出明确要求。

谈及立法人员，习近平强调"必须具有很高的思想政治素质，具备遵循规律、发扬民主、加强协调、凝聚共识的能力"；关于执法人员，他要求"必须忠于法律、捍卫法律、严格执法、敢于担当"；谈到司法人员，他指出"必须信仰法律、坚守法治，端稳天平、握牢法槌，铁面无私、秉公司法"；而"律师队伍是依法治国的一支重要力量，要大力加强律师队伍思想政治建设，把拥护中国共产党领导、拥护社会主义法治作为律师从业的基本要求"。

回望五年司法体制改革历程，从顶层设计到基层试点，再到全国推广，一系列决策部署密集出台，步稳蹄疾：

司法责任制方面，实行司法人员分类管理制度，实施法官、检察官员额制；以审判为中心的刑诉制度改革方面，明确刑事诉讼各阶段的基本证据标准，开展刑事案件速裁程序和认罪认罚从宽制度改革试点；建立领导干部干预司法活动、插手具体案件处理的记录、通报和责任追究制度，为领导干部干预司法划出"红线"。

与此同时，法治政府建设驶入快车道，依法行政成为共识，推行权力清单制度，加大力度简政放权，公开审批流程，提高审批透明度，压缩自由裁量权，让权力在法治框架下运行。

中国法学会党组书记、常务副会长陈冀平认为，党的十八大以来，依法治国的格局实现了重大转型升级，即从"摸着石头过河"到顶层设计、科学布局的升级；从建设法律体系到建设法治体系的升级；从法律大国到法治强国的升级；从有法可依到良法善治的升级；从形式法治到形式法治与实质法治有机结合的升级。这都为建设法治中国的高远目标奠定了扎实基础。

利民之事，丝发必兴。在习近平看来，"司法体制改革成效如何，说一千道一万，要由人民来评判，归根到底要看司法公信力是不是提高了"。

有此精神指引，以良法促善治，为社会公平正义筑牢根基；以改革破藩篱，把权力装入制度"笼子"，全面推进依法治国的宏伟蓝图已经展开。"一切为了人民"的执政理念融入到法治建设的"施工"全程,法治中国的大厦定会拔地参天。

(新华网 何凡)

2017年10月9日

十八大以来，
习近平这样抓作风建设

学习进行时

党的十八大以来，从八项规定到反"四风"和"三严三实"的具体要求，党的作风建设从立规、践行推句纵深发展，党风为之一新，社会风气大为好转。

党的作风是党的形象，关系人心向背，关系党的生死存亡。以习近平同志为核心的党中央对此有极为深刻的认识。狠抓作风建设，重塑党的形象，成为十八大以来习近平长抓不懈的重要工作。

西柏坡"寻根" 重唤"赶考"意识

党的十八大报告重申了党在长期执政条件下面临的四大考验和四大危险，即执政考验、改革开放考验、市场经济考验、外部环境考验和精神懈怠危险、能力不足危险、脱离群众危险、消极腐败危险。

2012年11月15日，习近平在当选中共中央总书记后首次与中外媒体见面时指出，新形势下，我们党面临着许多严峻挑战，党内存在着许多亟待解决的问题。尤其是一些党员干部中发生的贪污腐败、脱离群众、形式主义、官僚主义等问题，必须下大气力解决。

习近平就任总书记后首次讲话释放出一个重要信息，那就是"党要管党、从严治党"。

2013年7月，习近平来到河北省调研。他在西柏坡重温学习了"两个务必"思想,即务必保持谦虚、谨慎、不骄、不躁的作风,务必保持艰苦奋斗的作风。

在西柏坡纪念馆内,习近平在"六条规定"展板前久久驻足——这是共产党人"进京赶考"前定下的规矩。一一对照这些规定,习近平说:"不做寿,这条做到了;不送礼,这个还有问题,所以反'四风'要解决这个问题;少敬酒,现在公款吃喝得到遏制,关键是要坚持下去;少拍掌,我们也提倡;不以人名命名地名,这一条坚持下来了;第六条,我们党对此有清醒的认识……"

"当年党中央离开西柏坡时,毛泽东同志说是'进京赶考'。60多年过去了,我们取得了巨大进步,中国人民站起来了,富起来了,但我们面临的挑战和问题依然严峻复杂,应该说,党面临的'赶考'远未结束。"

习近平西柏坡之行,凝结"赶考意识"、以史鉴今,用一场政治"寻根"宣示中国共产党坚定不移走群众路线、从严治党的决心。

"八项规定"立规 迈出破题第一步

"这里是立规矩的地方。党的规矩、制度的建立和执行,有力推动了党的作风和纪律建设。"习近平对中共中央在西柏坡时期的历史贡献给予了新概括。

立规矩,也成为新一届中央领导集体改进作风的重要抓手。八项规定成为立规破题的第一步。

2012年12月4日,新一届中央领导集体履新不到20天,习近平就召开政治局会议,审议中央政治局关于改进工作作风、密切联系群众的八项规定。

短短600多字的八项规定,对调研、会议、简报、出访、警卫、报道、文稿发表、勤俭节约等提出具体要求,很多都是从小事抓起,从现实问题出发,以习近平同志为核心的党中央由此起步,把规矩立起来、严起来。

习近平强调,新一届中央领导集体要定规矩,"八项规定"是很重要的规矩。

这个规矩到底有多"重要"?习近平这样表述:"改

进工作作风的任务非常繁重，八项规定是一个切入口和动员令。"

习近平还说，八项规定既不是最高标准，更不是最终目的，只是我们改进作风的第一步，是我们作为共产党人应该做到的基本要求。

守纪律讲规矩是中国共产党的优良传统和独特优势。自一大通过第一部党纲开始，不同形势下的"规矩"应运而生，保证着党从弱小走向强大。

习近平说，定规矩，就要落实一些已经有明确规范的事情，就要约束一些不合规范的事情，就要规范一些没有规范的事情。

新时代催生新的"规矩"。八项规定立"明规矩"，让党员干部明白哪些事必须做、哪些事决不能做，自觉按原则、按规矩办事。

划红线反"四风" 根治"亚健康"

继制定"八项规定"后，反对"四风"成为贯彻落实中央八项规定精神的切入点，紧紧扭住执政党作风建设的突出问题。

2013年6月18日,习近平在党的群众路线教育实践活动工作会议上强调,这次教育实践活动的主要任务聚焦到作风建设上,集中解决形式主义、官僚主义、享乐主义和奢靡之风这"四风"问题。

"我们要对作风之弊、行为之垢来一次大排查、大检修、大扫除。"习近平斩钉截铁地说。

八项规定,反对"四风",坚持什么,反对什么,旗帜鲜明。新一届中央领导集体为全党划出了红线,明确了底线。

从2013年6月开始,党的群众路线教育实践活动自上而下分两批在中共全党深入展开。第一批党的群众路线教育实践活动于2013年6月18日启动,县处级以上领导机关、领导班子和领导干部按照"照镜子、正衣冠、洗洗澡、治治病"的总要求,加强党的群众路线教育。第二批于2014年1月开始进行,这次活动贴近基层,着重解决联系服务群众"最后一公里"问题。根据中央统一安排,中央政治局常委在第二批教育实践活动中分别联系一个县。

2014年10月8日,习近平在党的群众路线教育实践活动总结大会上表示,不少党员、干部表示,反"四风"治好了自己的"亚健康",把自己从不胜其烦的应酬中解脱出来,有更多精力考虑工作、服务群众了。一些同志表示,这次活动教育了干部,也保护和挽救了一批干部。

"三严三实" 以上率下抓"关键少数"

改进工作作风必须从中央政治局做起,"说到的就要做到,承诺的就要兑现,中央政治局同志从我本人做起。"习近平说。

习近平作出表率,广东考察不封路、不清场;河北阜平考察吃家常饭,特别交代不上酒水;在考察中见群众、听真话、摸实情,绝不允许弄虚作假,为的就是与群众走得更近一点。

在习近平作风建设布局中,领导干部是重点。八项规定就是从中央政治局着手,把党联系群众、为民务实的优良传统以规定的形式明确下来;领导干部也要带头反"四风";随后在县处级以上领导干部中开展"三严三实"专题教育,就是把改进作风体现在各级领导干部实际行动之中。

习近平说,我们抓作风建设,归根到底,就是希望各级干部都能树立和发扬好的作风,既严以修身、严以用权、严以律己,又谋事要实、创业要实、做人要实。

严和实是一件一件事情、一点一点修为积累起来的,不严不实也往往不是一下子就造成的。践行"三严三实",必须落细落小,多积尺寸之功,经常防微杜渐。

"每个同志都有改造自己、提高自己的职责,打扫思想灰尘、祛除不良习气、纠正错误言行永无止境,永远都是进行时。"

这种以上率下,一级做给一级看的行事风范,为全党树立了标杆,带动了党风和政风的改进。

制度创新　夯实作风建设根基

2013年,习近平在参加河北省委常委班子专题民主生活会时表示,我们抓中央八项规定贯彻落实,看起来是小事,但体现的是一种精神。中央八项规定都抓不好、坚持不下去,还搞什么十八项规定、二十八项规定?

事实上,过去几十个文件都管不住的小事,这次短短600多字的八项规定管住了,随后出台的一系列具体、全面、刚性的规定,不断筑牢廉政防线。

从规矩破题,以制度创新,是党的作风建设新思维、新选择。

十八大以来陆续出台或修订80多部党内法规,不仅在数量上实现了跨越式发展,既保证了立规质量也兼顾了体系建设,进一步夯实了作风建设的制度基石。

一系列党内规范和制度固化了中央八项规定精神的落实,实现了对党内政治生活的全规范、全覆盖,为8900多万党员确立了行为规范。

专家认为,八项规定绝非权宜之计,而是中国共产党在新的历史时期一项重要的制度设计。

久久为功　作风建设永远在路上

"我们坚定不移推进全面从严治党,着力解决人民群众反映最强烈、对党的执政基础威胁最大的突出问题,形成了反腐败斗争压倒性态势,党内政治生活气象更新,全党理想信念更加坚定、党性更加坚强,党自我净化、自我完善、自我革新、自我提高能力显著提高,党的执政基础和群众基础更加巩固,为党和国家各项事业发展提供了坚强政治保证。"在"7·26"重要讲话中,习近平这样总结5年来全面从严治党所取得的成就。而作风建设,正是其中的重要内容之一。

然而,"四风"问题积习颇深,改进作风不能奢望"毕其功于一役",必须常抓不懈,久久为功。

2014年5月,习近平在指导兰考县委常委班子党的群众路线教育实践活动专题民主生活会时提出明确要求,作风建设已经采取的措施、形成的机制要扎根落地,已经取得的成效要巩固发展,关键是要在抓常、抓细、抓长上下功夫。

"面向未来，恢复和发扬党的优良传统和作风的任务还很重，巩固党风廉政建设成效、防止问题反弹的任务还很重，解决党内作风上深层次问题的任务还很重。"在中央政治局"三严三实"专题民主生活会上，习近平用了3个"任务还很重"告诫全党。

在"7·26"讲话中，习近平语重心长地指出："只有进一步把党建设好，确保我们党永葆旺盛生命力和强大战斗力，我们党才能带领人民成功应对重大挑战、抵御重大风险、克服重大阻力、解决重大矛盾，不断从胜利走向新的胜利。"

从严治党永远在路上，作风建设永远在路上。

（新华网记者　黄玥）

2017年10月10日

十八大以来，
习近平这样强调文化自信

学习进行时

习近平总书记指出，坚定文化自信，是事关国运兴衰、事关文化安全、事关民族精神独立性的大问题。十八大以来，习近平高度重视文化自信，提出了新的时代课题。

习近平总书记在"7·26"重要讲话中指出,"中国特色社会主义是改革开放以来党的全部理论和实践的主题",要求全党必须"牢固树立中国特色社会主义道路自信、理论自信、制度自信、文化自信,确保党和国家事业始终沿着正确方向胜利前进"。

在"四个自信"中,文化自信是更基础、更广泛、更深厚的自信,是更基本、更深沉、更持久的力量。十八大以来,习近平反复强调文化自信,从中国特色社会主义事业全局的高度作出许多深刻阐述。

"更基础、更广泛、更深厚的自信"

文化是一个国家、一个民族的灵魂。古往今来,世界各民族都无一例外受到其在各个历史发展阶段上产生的精神文化的深刻影响。

习近平指出:"历史和现实都表明,一个抛弃了或者背叛了自己历史文化的民族,不仅不可能发展起来,而且很可能上演一幕幕历史悲剧。"

今天,我们要进行伟大斗争、建设伟大工程、推进伟大事业、实现伟大梦想，都离不开文化所激发的精神力量。而要继承好、发展好自身文化，首先就要保持对自身文化理想、文化价值的高度信心，保持对自身文化生命力、创造力的高度信心。

这就是习近平提出"文化自信"这一时代课题的深意所在。

党的十八大指出，全党要坚定道路自信、理论自信、制度自信，对全党全国各族人民精神状态提出新的要求。

中国特色社会主义道路、中国特色社会主义理论体系和中国特色社会主义制度，精神源头是5000多年文明发展中孕育的中华优秀传统文化，是党和人民伟大斗争中孕育的革命文化和社会主义先进文化，积淀着中华民族最深层的精神追求，代表着中华民族独特的精神标识。习近平强调："我们要坚定中国特色社会主义道路自信、理论自信、制度自信，说到底是要坚持文化自信。"

2016年7月，在庆祝中国共产党成立95周年大会上，习近平指出，"文化自信，是更基础、更广泛、更深厚的

自信",强调"坚持不忘初心、继续前进,就要坚持中国特色社会主义道路自信、理论自信、制度自信、文化自信"。

习近平提出"四个自信",突出强调文化自信"更基础、更广泛、更深厚"的地位,为不断把中国特色社会主义伟大事业推向前进注入了更基本、更深沉、更持久的力量。

"以古人之规矩,开自己之生面"

中国传统思想文化体现着中华民族世世代代在生产生活中形成和传承的世界观、人生观、价值观、审美观等,其中最核心的内容已经成为中华民族最基本的文化基因。

"中华优秀传统文化是我们最深厚的文化软实力,也是中国特色社会主义植根的文化沃土。"习近平指出,实现"两个一百年"奋斗目标、实现中华民族伟大复兴的中国梦,需要充分运用中华民族数千年来积累下的伟大智慧。

篇二

5年来，无论是国内活动还是外交场合，习近平都大量引用中国古代的名言警句，用中国古人的智慧给人以启迪，展现出中华优秀文化的独特魅力和深厚底蕴。

在中央党校建校80周年庆祝大会暨2013年春季学期开学典礼上，习近平一连引用了许多古代格言，强调要有"先天下之忧而忧，后天下之乐而乐"的政治抱负，"位卑未敢忘忧国""苟利国家生死以，岂因祸福避趋之"的报国情怀，"富贵不能淫，贫贱不能移，威武不能屈"的浩然正气，"人生自古谁无死，留取丹心照汗青""鞠躬尽瘁，死而后已"的献身精神。

习近平不只一次对党员、干部指出，学史可以看成败、鉴得失、知兴替；学诗可以情飞扬、志高昂、人灵秀；学伦理可以知廉耻、懂荣辱、辨是非。

习近平大力弘扬中华优秀传统文化，目的就是坚定自信，在新的时代条件下实现中华文化的创造性转化和创新性发展，从而"以古人之规矩，开自己之生面"。

"理想之光不灭,信念之光不灭"

革命年代,中国共产党和中国人民用鲜血和汗水写就了辉煌历史,孕育出鲜明独特的革命文化。

红船精神、井冈山精神、长征精神、延安精神、西柏坡精神……习近平对革命文化一直非常重视。无论在部队视察还是到地方调研,习近平一再讲要坚持用革命传统铸魂育人,大力弘扬革命精神。

5年来,习近平曾到西柏坡、古田、延安、遵义、井冈山等革命圣地,缅怀革命烈士,反复强调革命精神。

2015年6月,习近平考察贵州,首站就是遵义,他一下飞机就直奔红军山烈士陵园瞻仰。在遵义会议会址,习近平特别叮嘱:"要给大家好好讲,告诉大家我们党是怎么走过来的。"

2016年7月,习近平来到宁夏考察,专机直飞固原。他驱车1个多小时来到西吉县将台堡,冒雨向红军长征会师纪念碑敬献花篮。

……

2016年9月,习近平在参观纪念长征胜利80周年主题展览时强调,"现在,时代变了,条件变了,我们共产党人为之奋斗的理想和事业没有变"。

"理想之光不灭,信念之光不灭"。习近平大力提倡革命文化,就是要使共产党人坚定理想信念,在胜利和顺境时不骄傲不急躁,在困难和逆境时不消沉不动摇,走好我们这一代人的长征路。

"文运同国运相牵,文脉同国脉相连"

思想和价值观念是文化的灵魂,社会主义核心价值观是当代中国精神的集中体现,是凝聚中国力量的思想道德基础。

党的十八大提出要倡导富强、民主、文明、和谐,倡导自由、平等、公正、法治,倡导爱国、敬业、诚信、友善,积极培育和践行社会主义核心价值观。

习近平指出,富强、民主、文明、和谐是国家层面的价值要求,自由、平等、公正、法治是社会层面的价值要求,爱国、敬业、诚信、友善是公民层面的价值要求。这个概括，实际上回答了我们要建设什么样的国家、建设什么样的社会、培育什么样的公民的重大问题。

因此，在建设中国特色社会主义的恢弘时代主旋律中，这24个字更是社会主义先进文化的集中体现。

习近平强调："文运同国运相牵，文脉同国脉相连。"

5年来，习近平多次强调文艺工作。2014年10月，习近平主持召开文艺工作座谈会，同文艺界的同志们深入交流，进一步明确了新形势下繁荣发展社会主义文艺的方向和任务。2016年11月，习近平又出席中国文联十大、中国作协九大开幕式并发表重要讲话。

习近平指出，任何一个时代的文艺，只有同国家和民族紧紧维系、休戚与共，才能发出振聋发聩的声音。因时而兴，乘势而变，随时代而行，与时代同频共振是文艺的规律。离开火热的社会实践，在恢宏的时代主旋律之外茕茕孑立、喃喃自语，只能被时代淘汰。

习近平要求广大文艺工作者把培育和弘扬社会主义核心价值观作为根本任务，坚定不移用中国人独特的思想、情感、审美去创作属于这个时代、又有鲜明中国风格的优秀作品。

只有这样的作品，才能反映时代呼声、展现人民奋斗、振奋民族精神、陶冶高尚情操，为我们的人民昭示更加美好的前景，为我们的民族描绘更加光明的未来。

（新华网　程瑶　王子晖）

2017年10月12日